FRANCIS MARRE

NOTRE ARTILLERIE

Ouvrage illustré de 58 figures

PARIS
ANCIENNE LIBRAIRIE FURNE
BOIVIN & Cie, ÉDITEURS
3 & 5, RUE PALATINE (VIe)

1915

NOTRE ARTILLERIE

FRANCIS MARRE

NOTRE ARTILLERIE

Ouvrage illustré de 58 figures

PARIS
ANCIENNE LIBRAIRIE FURNE
BOIVIN & Cie, ÉDITEURS
3 & 5, RUE PALATINE (VIe)

1915

NOTRE ARTILLERIE[1]

« Dans le combat, l'infanterie seule assure la décision, tandis que les autres armes se bornent à la préparer ». Cette formule résume la doctrine que les États-majors de toutes les nations semblent s'être, depuis longtemps, mis d'accord pour adopter. Mais, ainsi que le général Maud'huy l'a enseigné à l'École de Guerre dans son cours[2] de Tactique générale, « pour que l'infanterie triomphe, il faut que l'artillerie qui l'accompagne, tout en neutralisant l'artillerie ennemie, batte le front d'attaque. Là où cette condition sera réalisée, le succès de l'attaque d'infanterie sera rapide... Les parties du front que l'artillerie pourra battre seront celles où se dirigera l'infanterie : on peut dire que celle-ci courra vers les points de chute des obus... L'artillerie n'est pas une arme offensive : toutefois, elle est l'arme indispensable de l'offensive... »

1. Cette étude a paru, sous une forme plus réduite en certaines de ses parties, dans le numéro du *Correspondant* du 10 mars 1915.

2. Ce cours, professé de 1903 à 1907, a été résumé dans une importante étude parue en 1911 dans la *Revue militaire*, sous ce titre « La manœuvre ».

Les Allemands ont été si délibérément partisans de cette doctrine que, voulant préparer la guerre d'une façon réellement scientifique, ils ont donné tous leurs soins à accroître sans cesse la puissance et le nombre de leurs canons. Leurs journaux se sont d'abord complu à répéter, d'après la citation qu'en a faite le général Rohne [1], le mot de Napoléon III à Guillaume Ier : « Sire, c'est votre incomparable artillerie qui vous a valu la victoire » ; puis, aussitôt qu'eut été votée la loi militaire de 1912, ils ont été unanimes à réclamer la réalisation immédiate des mesures qu'elle édictait ; enfin, ils n'ont cessé de préparer l'opinion publique à des augmentations nouvelles, qui furent décidées en 1913. Grâce à quoi, lorsque se produisit l'agression brutale du mois d'août dernier, le corps d'armée allemand [2] comptait 6,6 canons pour 1.000 fusils tandis que le corps d'armée français [3] en comptait seulement 4,93 au maximum. Cette disproportion a pesé lourdement sur l'issue des premières batailles...

1. *Artilleristische Monatshefte* ; mai 1912 ; n° 65.

2. En formation de guerre, le corps d'armée allemand compte 25 bataillons et 140 pièces de campagne ; la proportion est donc de 5,76 canons pour 1.000 fusils ; si on y ajoute le bataillon d'obusiers lourds, la proportion devient 6,6 canons pour 1.000 fusils, à peu près le double de ce qu'elle était en 1870.

3. Le corps d'armée sur pied de guerre comportait, *en août dernier,* 30 bataillons et 36 batteries, dont 30 existant en temps de paix et 6 formées à la mobilisation pour être adjointes aux 6 bataillons de la brigade de réserve incorporée au corps d'armée. En somme, pour 1.000 fusils, nous comptions 4,8 canons et, en y ajoutant les 4 pièces de 155 court qui ont pu être remises à chaque corps, le rapport devenait 4,93 pour 1.000. A l'heure actuelle, ces données sont inexactes et nous possédons, par corps d'armée, un nombre de pièces sensiblement supérieur à celui des pièces allemandes.

LA LOI ALLEMANDE DE 1912.

Lorsque fut votée par le Reichstag la loi militaire de 1912, l'artillerie de campagne allemande possédait officiellement :

34 batteries à effectif fort (attelages pour 6 pièces et deux caissons);

327 batteries à effectif moyen (attelages pour 6 pièces);

213 batteries à effectif faible (attelages pour 4 pièces).

La loi nouvelle éleva à l'effectif moyen 87 batteries à effectif faible, et à l'effectif fort 24 batteries à effectif moyen. En outre, elle créa 30 nouvelles batteries à effectif fort, 11 batteries à cheval, et porta de 48 à 50 le nombre des brigades.

Si, au point de vue de l'artillerie à pied, elle se borna à créer une seule batterie, elle permit de mettre en vigueur, dès le 1er octobre, les dispositions de la loi quinquennale de 1911 qui comportait la création de 21 batteries à pied et de 10 groupes d'attelage. Chaque corps d'armée se trouva ainsi pourvu d'un bataillon attelé d'artillerie lourde qui lui appartint désormais en propre, et le principe nouveau se trouve consacré que cette artillerie spéciale, naguère réservée à l'attaque et à la défense des forts, serait normalement employée aux opérations de campagne. En effet, le règlement de 1912 déclare en termes formels que l'artillerie lourde à pied doit coopérer avec l'artillerie de campagne pour soutenir l'infanterie, et qu'elle doit chercher à atteindre son but en s'attachant tout d'abord à détruire l'artillerie adverse [1].

1. *Revue militaire des armées étrangères;* juillet 1915; n° 1.016.

LA LOI ALLEMANDE DE 1913.

La loi allemande de 1913 s'occupa également de renforcer l'artillerie.

Elle conserva, pour l'artillerie de campagne, le principe de la batterie à 6 pièces, et porta à ce nombre 99 batteries à 4 pièces. En même temps, elle renforça les effectifs de toutes les batteries et accrut très sensiblement celui des lieutenants-colonels, des majors, des capitaines et des lieutenants.

En ce qui concerne l'artillerie à pied, elle en créa trois régiments et demi, constitua sept sections d'attelage, renforça l'effectif de tous les bataillons à trois batteries et augmenta sensiblement tous les cadres.

D'autre part, elle créa 11 bataillons et neuf sections de projecteurs, transforma 26 trains de projecteurs en autant de sections, et constitua 9 régiments de pionniers, en groupant deux à deux les 18 bataillons déjà existants.

Surtout elle accéléra grandement la réalisation des lois militaires antérieures et donna les moyens de mettre immédiatement en vigueur tous les « dispositifs de renforcement » qui avaient été prévus pour une échéance plus ou moins éloignée. Les diverses mesures édictées par la loi de 1912 et dont l'exécution devait s'échelonner jusqu'à novembre 1913 se trouvèrent ainsi réalisées dès le milieu d'octobre 1913.

CE QUE CACHAIENT CES LOIS.

En réalité, ces lois étaient de pure façade; elles n'avaient pas d'autre but que celui de dissimuler la préparation intensive d'une guerre décidée comme inévitablement prochaine.

L'Allemagne n'aurait pas eu besoin d'augmenter de façon aussi considérable son artillerie si elle n'avait eu en vue cette « offensive en torrent » que son État-major estimait seule capable de lui donner la victoire. Il s'agissait, pour elle, de préparer les moyens de doubler le nombre des corps d'armée dès le jour de l'entrée en campagne, et même de le tripler si la chose lui apparaissait nécessaire.

Le général Rohne, le général von Blume et le général von Bernhardi — qui étaient bien certainement au courant du plan projeté — ont eu l'habileté d'endormir nos soupçons possibles par des controverses d'ordre scientifique qu'il n'est pas sans intérêt de rappeler.

La proportion de 6,6 canons pour 1.000 fusils, écrivait Rohne, est trop forte pour être vraiment utile. « Les batteries ne pourront pas intervenir, faute de place, l'expérience des guerre récentes ayant établi que le résultat ne peut être obtenu en faisant usage de fronts très étendus mettant simultanément en œuvre tous les moyens d'attaque, mais au contraire en renouvelant constamment les troupes envoyées, ce qui contraint à l'échelonnement en profondeur et condamne les fronts étendus à l'excès. »

Des arguments numériques impressionnants étaient fournis à l'appui de cette thèse, et tirés de l'énorme consommation de projectiles que fait le canon moderne à tir rapide. « En 1870, il suffisait d'approvisionner à 133 coups les pièces à tir rapide, et à 157 coups les pièces légères; aujourd'hui, la pièce de campagne allemande possède un approvisionnement de 258 coups, emportés tant par la batterie elle-même que par les colonnes légères de munitions. L'obusier léger tire un projectile qui pèse le double de celui de l'ancien canon de 9, et dispose de 187 coups. En 1870, chaque pièce était accompagnée d'un seul caisson : elle est suivie maintenant de 2,33 caissons. Les batteries françaises ont, par pièce, 312 coups à tirer sans avoir à se ravitailler, et disposent de 3 caissons, soit 20 p. 100 de plus que les batteries allemandes. Les colonnes françaises de munitions apportent 267 coups par pièce; les colonnes allemandes fournissent 153 coups pour les canons, 71 pour les obusiers. En résumé, le canon allemand est approvisionné à 409 coups, le canon français à 579; il dispose donc de 168 coups de plus à tirer, ce qui établit, en sa faveur, une disproportion de coups à tirer s'élevant à 168 coups, près de 42 p. 100. »

Le général von Blume insistait sur l'inconvénient grave qui résulte de l'allongement démesuré des colonnes de marche. « En 1870, l'artillerie d'un corps d'armée allemand, employait 350 voitures : 240 pour ses 15 batteries, et 110 pour ses 5 colonnes de munitions; aujourd'hui, elle en exige 808 pour les 24 batteries, 192 pour les colonnes légères, 208 pour les colonnes de munitions; quand le corps d'armée possède un bataillon d'obusiers lourds, il faut un supplément de 268 voitures, dont 76 pour les 4 batteries, 29 pour les colonnes légères et 163 pour les colonnes de munitions : au total, l'artillerie de corps emmène avec elle 1.076 voitures, trois fois plus qu'en 1870 ».

Le général von Bernhardi fondait ses critiques sur des considérations plus précises encore. « Un corps d'armée en colonne sur route se développe sur une longueur de 25 kilomètres, dans laquelle l'infanterie compte pour 10.400 mètres, l'artillerie pour 9.600 et pour 11.200 si elle comporte un bataillon d'obusiers; mais, tandis que les pertes au feu réduisent bien vite la longueur des colonnes des troupes à pied, elles ne modifient pas sensiblement celle des colonnes d'artillerie. Quant aux colonnes de munitions et au train de corps d'armée, leur ensemble se développe sur une longueur de 19.600 mètres, dont 7.500 pour l'artillerie. »

Les journaux dont les rédactions militaires reproduisaient ces constatations, déclaraient alors « par ordre », que l'artillerie était vraiment trop encombrante. Ils ajoutaient : « La ration quotidienne d'un corps d'armée représente un poids total de 123.000 kilogrammes, dont 36,500 sont destinés à l'artillerie seule. Quand ce corps comporte un bataillon d'artillerie lourde, sa ration journalière atteint le poids de 137.400 kilogrammes, dont 51.400, soit 38,5 pour 100, pour l'artillerie. En 1870, un corps d'armée n'avait besoin par jour, que de 170.000 kilogrammes ».

Etant donné l'état de domestication dans lequel sont tenus les journalistes allemands, étant donnée surtout la rigoureuse discipline qui interdit aux officiers de tous grades de l'armée ennemie, la moindre critique et le moindre commentaire qui ne seraient pas hautement laudatifs, il est bien évident que tout ce fatras de chiffres, toute cette accumulation d'arguments faisaient partie d'une campagne d'opinion destinée à dissimuler les véritables desseins du grand État-major de Berlin.

Du reste, l'événement a prouvé que nos ennemis ne s'en étaient pas tenus, en matière de matériel d'artillerie, à ce que leurs lois militaires faisaient connaître. Sans se préoccuper de savoir s'ils agissaient de façon régulière au point de vue budgétaire, ils ont passé à la maison Krupp des commandes formidables, dont il semble que notre service de renseignements n'ait pas même soupçonné l'importance [1], si bien qu'au moment où la guerre a éclaté, ils ont pu mettre en ligne un nombre de corps d'armée au moins double de celui que nous escomptions; chacun de ces corps était doté d'une artillerie numériquement supérieure à la nôtre, et surtout d'une artillerie lourde dont nous ne possédions pas l'équivalent.

Il n'y a, à l'heure actuelle, ni danger, ni inconvénient à le reconnaître. Nos communiqués officiels des premiers mois de la guerre ne nous l'ont pas caché, tandis que nos communiqués les plus récents attestent qu'à la faveur d'un effort merveilleux, notre industrie privée et nos manufactures mili-

1. L'Etat-major allemand et la maison Krupp ont toujours « travaillé » la main dans la main, la grande usine d'Essen consentant toutes les avances qui lui étaient demandées, sans se préoccuper de savoir à quelle date les crédits ainsi engagés seraient régularisés. Notre régime parlementaire et notre système de budget *annuel* (tandis que le budget allemand est *quinquennal*) interdisent à notre ministre de la Guerre d'agir de même avec telle ou telle usine française... qui, du reste, n'aurait peut-être pas la même complaisance que la maison Krupp.

taires sont arrivées à improviser tout ce qui nous manquait alors pour combattre.

Peut-être, au cours de ces dernières années, n'avons-nous pas fait preuve d'une clairvoyance extrême en ne nous doutant pas de ce qui se passait réellement de l'autre côté de la frontière et en considérant que l'armée allemande était « encombrée d'artillerie », alors qu'elle était simplement prête à avoir des corps d'armée plus que dédoublés, dont chacun serait mieux outillé qu'aucun des nôtres. Peut-être aussi avons-nous péché par excès d'ignorance, quand nous avons eu la naïveté de prendre pour argent comptant ce qu'on voulait bien nous laisser savoir. Sur ces points, comme sur bien d'autres, l'avenir fera la lumière. A coup sûr, il instituera un raisonnement irréfutable adressé aux hommes qui avaient, avant la guerre, la mission de préparer la Défense nationale : ou « vous saviez », et alors vous êtes impardonnables de ne pas avoir pris les mesures qui s'imposaient, ou « vous ne saviez pas », et alors, il faut avouer qu'aucun de vous n'était *the right man in the right place...*

L'OPINION FRANÇAISE.

A cet égard, de terribles responsabilités sont engagées et bien certainement, après la victoire, la France aura mieux à faire que féliciter sans réserve les hommes qui n'ont pas pu lire la vérité terrible à travers les déclarations officielles de nos ennemis.

Cependant, ces hommes avaient été avertis.

Le 12 décembre 1912, le *Journal* écrivait :

« Si l'on veut avoir une idée de la rapidité avec laquelle se poursuit et s'amplifie l'effort germanique, il suffit d'observer ce qui se passe de l'autre côté des Vosges pour ces batteries d'obusiers légers dont nous hésitons encore, en France, à doter notre artillerie de campagne. Jusqu'à l'année dernière, chaque corps d'armée allemand en possédait un seul groupe de trois batteries. Le nombre des groupes a été ensuite doublé, en sorte que chacune des deux divisions du corps d'armée a eu le sien. Puis, maintenant, grâce à ces crédits extraordinaires que l'on n'a, d'ailleurs, pas attendus pour passer des commandes fermes aux usines d'Essen, chaque groupe va se trouver transformé, par un doublement nouveau, en un régiment complet de six batteries !

« Et l'artillerie allemande possède déjà, en sus de tout ce matériel léger qu'elle est en train d'ajouter à son canon de campagne, 112 batteries d'artillerie lourde, pourvues d'un matériel tout à fait moderne, très mobile malgré sa puissance, et analogue aux grosses pièces de campagne qui viennent de jouer un rôle si important dans la guerre des Balkans ! »

Le 8 février 1913, le même *Journal* écrivait :

« Nous sommes fiers, à juste titre, de notre matériel d'artillerie de campagne, réputé supérieur au matériel Krupp de l'artillerie de campagne allemande.

« Eh bien, ce n'est pas ce matériel que notre artillerie trouverait en face d'elle pour le grand duel de bouches à feu par lequel s'ouvriront le plus souvent les batailles de l'avenir. L'artillerie de campagne allemande proprement dite n'accomplirait sa mission, contre nos masses de cavalerie ou d'infanterie, qu'après qu'une artillerie lourde (106 batteries), de portée beaucoup plus longue, composée d'obusiers de 105 et de 150 m/m, de « moerser » (mortiers) de 221 et de canons longs de 10 et de 13 centimètres, aurait mis hors de cause nos batteries, exclusivement pourvues du canon de 75 !

« En effet, aux termes d'un règlement de manœuvre en vigueur depuis quelques semaines dans l'artillerie à pied de l'armée impériale, l'artillerie lourde fait colonne avec les divisions d'infanterie et a pour mission principale la destruction de l'artillerie de campagne adverse.

« Allons-nous demeurer encore longtemps sans rien faire pour que notre artillerie ne demeure pas à peu près hors d'état — comme elle le serait si la guerre éclatait demain — de rendre les coups de l'artillerie allemande? »

Le même *Journal* écrivait encore, le 21 février 1913 :

« Notre artillerie de place, le matériel défensif de nos camps retranchés, est composé de pièces qui datent de 1877, 1878 ou de 1881, et qui n'ont ni la mobilité, ni la rapidité de tir, ni la portée qui seraient nécessaires pour combattre efficacement l'artillerie de siège de nos voisins.

« Ainsi que le déclarait naguère un général éminent, à supposer qu'un début de campagne heureux nous mette en mesure d'exercer une action offensive de l'autre côté de la frontière, nous n'avons pas un canon de siège capable d'attaquer efficacement le béton des forts de Metz !

« Nous avons confiance en notre canon de 75, réputé meilleur que le canon correspondant de l'armée allemande. Mais, comme je l'indiquais ici même le 8 février, ce canon n'entrera dans la bataille qu'après qu'une artillerie lourde, de puissance et de portée très supérieures, et qui compte déjà 106 batteries, aura accompli sa mission, laquelle, d'après un tout récent règlement de manœuvre, est principalement la destruction de l'artillerie de campagne adverse !

« Et l'artillerie lourde de campagne n'existe chez nous qu'à l'état embryonnaire, sans pièces modernes, sans moyens de transport perfectionnés, sans personnel exercé !

« Et nos batteries de 75 elles-mêmes sont encore loin de posséder les 2.000 coups par pièce qui sont reconnus nécessaires pour leur utilisation intensive pendant un temps suffisant !

« Il faudrait, par exemple, d'après les propositions présentées, « en première urgence » par le Commandement cent millions pour compléter l'aménagement de nos quatre grandes places de l'Est. On consacre à cette entreprise tout juste cinq ou six millions par exercice. Aussi, il se passera une vingtaine d'années avant que les travaux soient achevés ! J'ai voulu savoir combien de temps il faudra, étant donné le crédit dont dispose à cette fin l'artillerie, pour que les vieux obus en fonte qui figurent encore pour une forte part dans les approvisionnements de nos arsenaux soient remplacés par des projectiles en acier. On m'a répondu : soixante-sept ans ! »

Le 25 février 1913, la *Lanterne* écrivait :

« Non seulement notre artillerie de place, celle qui arme nos camps retranchés de l'Est, serait à peu près hors d'état, de par la lenteur de son tir et la faiblesse de sa portée, de contre-battre efficacement l'artillerie de siège allemande; non seulement nous ne possédons pas nous-mêmes d'artillerie de siège capable de seconder au besoin une action offensive de nos troupes au-delà de la frontière, Mais encore nous venons de perdre l'avantage considérable que nous assurait par ailleurs, jusqu'à ces derniers temps, notre merveilleux canon de 75. Les chances sont désormais renversées, car nos voisins ont adopté une solution propre à nous replacer peut-être, si nous n'y mettions promptement bon ordre, dans des conditions aussi désastreuses que celles où nous nous sommes trouvés en 1870.

« Les Allemands se sont résignés à conserver leurs pièces de campagne à tir simplement accéléré; mais, pour leur permettre d'accomplir leur mission du champ de bataille et s'assurer la supériorité du feu dans le grand duel qui marquera la bataille de demain, ils ont introduit dans la lutte un élément nouveau, l'artillerie lourde de campagne, constituée non seulement avec l'obusier de 105 millimètres, mais avec quatre bouches à feu bien autrement puissantes : l'obusier de 150, le mortier de 220, enfin les canons longs, de 10 et 13 centimètres, à grande capacité d'explosif. Nous avons, en résumé, une artillerie à tir très rapide, pouvant se mettre en action à 4 kilomètres de portée utile extrême; les Allemands tireront plus lentement contre nos masses d'infanterie et de cavalerie, mais auparavant ils auront ouvert le feu contre nos batteries, à 6 kilomètres, avec leur artillerie lourde de corps d'armée. En 1870, nous tirions à 1.800 mètres, et nos ennemis à 2.500. La disproportion entre leurs moyens et les nôtres serait donc à peu près la même qu'il y a quarante-deux ans.

« L'artillerie lourde allemande n'est pas une artillerie de parc, suivant de loin le mouvement des troupes avec une sage lenteur, pour n'arriver qu'à la fin de la bataille et amener la décision en écrasant de projectiles les positions adverses.

« La batterie d'obusiers attelle 4 pièces, 8 caissons et au total 19 voitures, et la batterie de « Mörser » (mortiers), 4 pièces, 4 caissons et 17 voitures. Enfin, les canons de 100 et 130 forment des batteries analogues et, si l'on s'attend à ne les voir figurer que dans les parcs de siège, il suffit, pour se détromper, de se procurer, comme je l'ai fait, et de lire un peu attentivement le règlement de manœuvre de l'artillerie à pied allemande. On y verra, décrits tout au long, les mouvements et les formations de ces pièces lourdes, en batterie, en colonne par pièce, en colonne double, en bataille avec intervalles divers. Le canon de 150 et les « Mörser » de 221 ne se déplacent qu'à l'allure du pas; seuls le canon de 100 et l'obusier de 150 peuvent être conduits au trot; mais toutes ces pièces sont destinées à suivre les routes et à couvrir des étapes, en vue de participer au début de l'engagement. D'ailleurs, le règlement est très clair : « A moins d'un ordre spécial, l'artillerie lourde est placée sous les ordres du général commandant la division d'infanterie avec laquelle elle fait colonne. »

« C'est là que nous entrons dans le vif de la question.

« Le rôle de cette artillerie lourde sera de combattre et d'annihiler l'artillerie française avant l'entrée en jeu de l'artillerie de campagne proprement dite. Son règlement stipule expressément que sa mission principale est la destruction de l'artillerie de campagne adverse. Il faut donc nous attendre à voir la bataille précédée par un duel d'artillerie qui sera conduit, du côté allemand, au moyen de pièces qui auront sur les nôtres la double supériorité de la portée et de la puissance; puis, lorsque nos batteries auront été mises hors de combat, l'artillerie de campagne de nos ennemis appuiera les attaques de leur infanterie en neutralisant la nôtre, conformément aux meilleurs principes tactiques.

« Le choix du matériel employé répond parfaitement à ces préoccupations : si nos batteries font du tir à découvert, elles seront aussitôt prises à partie par les canons de 100 et 130, à des distances auxquelles il leur sera impossible de répondre; si elles exécutent du tir masqué, les obusiers de 105 et de 150 fouilleront tous les replis du terrain, avec un tir courbe d'autant plus dangereux que l'obusier de 150 pourra ouvrir le feu de très loin et sans danger pour ses servants.

« Comme on le voit, cette tactique est claire, logique et brutale. J'aime à croire qu'elle était inattendue, car on n'a rien fait chez nous pour y parer.

« Notre artillerie lourde ne consiste, pour le moment, qu'en batteries de 155 Rimailho, trop difficiles à traîner et d'un maniement très délicat. En fait, nos groupes de 155 sont d'ores et déjà relégués dans les parcs de siège et nous n'avons même pas d'obusiers légers !

« Un nouveau facteur intervient désormais dans les moyens à préparer en vue de la bataille : c'est l'artillerie lourde et puissante qui accompagnera sur le terrain toutes les grandes formations, à compter de la division, parallèlement avec la pièce de campagne légère et rapide, laquelle tendra de plus en plus à devenir un canon d'infanterie.

« Le problème est nettement posé, et nous sommes déjà bien fâcheusement en retard pour le résoudre. »

Ces citations pourraient être multipliées[1] : il est douloureux de se dire qu'en dépit des avertissements donnés par nos journaux au Parlement et à l'opinion, en dépit des déclarations faites par les chefs de notre armée au Gouvernement et aux deux Commissions du Budget, la déclaration de guerre a pu nous surprendre alors que nous n'avions à notre service qu'un matériel d'artillerie notoirement insuffisant, sauf toutefois en ce qui concerne notre canon de campagne.

LE MIRACLE NATIONAL. Si nous étions encore au point où nous nous sommes trouvés en septembre dernier, quand la bataille de la Marne a sauvé la France de la ruine, il ne conviendrait pas de dire avec une netteté aussi franche combien, aux premiers jours d'août 1914, notre situation était lamentable au point de vue de l'artillerie en gé-

1. Il serait certainement du plus haut intérêt rétrospectif de rappeler la longue série d'articles prophétiques que le *Correspondant* a publiés sous ce titre général : « Si la guerre éclatait demain », articles que toute la presse française a commentés.

néral et de l'artillerie lourde en particulier. Quand la maison brûle, il faut éteindre l'incendie avant de vouloir en élucider les causes.

Mais un miracle s'est produit, qui nous met aujourd'hui dans une situation hors de pair, puisque nous avons désormais la certitude de vaincre. En quelques mois, par un effort prodigieux de volonté intelligente, notre pays a créé toute une artillerie qui, à l'heure où ces lignes sont écrites, est, *à tous les points de vue, nettement supérieure à celle des Allemands.*

*
* *

Cette artillerie, qui fait des merveilles et dont les Allemands ont peur, on la connaît mal en France; la décrire, c'est, à coup sûr, servir la cause nationale — en gardant toutefois sur certains canons, certains projectiles et certaines méthodes, la réserve qui s'impose. Une description fidèle des principaux canons en service au front accroîtra nos raisons d'avoir confiance.

A ce titre, elle est aussi utile qu'opportune.

LE MATÉRIEL

A la suite des multiples constatations que « nos poilus » ont eu la joie — et « les Boches » la tristesse — de faire depuis le début des hostilités, tout le monde en France s'accorde à estimer que, si la baïonnette est la reine des batailles, le 75 en est le roi.

A tout seigneur, tout honneur : il est donc juste de présenter d'abord notre pièce de campagne, ou, pour parler avec exactitude, la plus populaire des pièces de campagne actuellement en service au Front.

NOTRE 75. Tous les journaux ont raconté à leurs lecteurs l'histoire du « canon à tir rapide, modèle 1897 », et leur en ont expliqué le mécanisme. Par suite, il est permis d'être assez sobre de détails en ce qui concerne ce qu'on pourrait appeler « l'anatomie du 75 ».

Toutefois, il n'est pas inutile de donner, à ce propos, quelques précisions qui permettront de bien comprendre ce que le grand public ne connaît, en général, que d'une façon un peu superficielle, c'est-à-dire, la manière dont notre pièce nationale est employée et les ravages qu'elle exerce dans les rangs ennemis.

Tout d'abord, il ne faut pas perdre de vue que le succès de l'infanterie est, en définitive, le seul objectif que doive poursuivre l'artillerie de campagne. Aussi est-il logique que, la tactique de combat des armes à pied ayant été profondément bouleversée par l'adoption des fusils à tir rapide et des poudres sans fumée, celle de l'artillerie ait dû subir une modification pour ainsi dire « parallèle ».

Les formations rigides et massives de l'infanterie furent, en effet, impossibles à conserver, le jour où la fumée disparut des champs de bataille : il fallut leur substituer les formations sans profondeur qui sont en usage à l'heure actuelle et surtout généraliser les méthodes de progression par bonds successifs, dans l'intervalle desquels les hommes s'abritent de leur mieux en utilisant les moindres replis du terrain pour se défiler aux vues de l'ennemi. Dès lors, il fallut créer un matériel d'artillerie permettant d'agir sur les buts, pour ainsi dire fugaces, que constituaient les chaînes de tirailleurs. Ce matériel qui, pour un tel usage, devait permettre les pointages rapides et les tirs précipités [1],

1. Les chaînes de tirailleurs étant, par définition, abritées autant qu'il est possible, il est malaisé de les apercevoir, et, par conséquent, de les atteindre par un tir d'artillerie efficace si celui-ci ne déverse pas, sur l'emplacement approximatif qui les dissimule, de véritables nappes de mitraille fauchant, en largeur et en profondeur, toute la zone occupée : ces nappes doivent, de plus, se succéder avec assez de rapidité, pour que les hommes soient contraints de demeurer immobiles derrière leurs abris, sous peine d'être infailliblement atteints par elles.

devait posséder par surcroît une puissance suffisante pour pouvoir détruire des objectifs fixes et réduire au silence l'artillerie adverse.

On ne doit, en effet, jamais perdre de vue que, pour avoir une action réellement efficace, un projectile ne doit pas éparpiller en tous sens et comme au hasard des balles et des éclats : il n'est pas destiné à porter la mort au milieu d'une foule dense, rassemblée en un espace limité. Dans la réalité des choses, les objectifs du champ de bataille sont *matériels* ou *animés*.

Les objectifs matériels (murs, épaulements en terre, blindages, grilles, réseaux de fils de fer... canons, caissons, mitrailleuses, etc...) présentent peu de profondeur et peu de largeur. On fait contre eux du « tir à démolir », qui exige une grande précision et comporte logiquement l'emploi d'obus spéciaux, les obus explosifs.

Contre les objectifs animés (hommes et chevaux) qui sont à découvert, on emploie des obus à balles ou shrapnells qui fournissent, lors de l'éclatement, « une gerbe » de balles et d'éclats. Quand l'objectif est abrité, on emploie de préférence contre lui l'obus explosif.

Le problème posé comportait donc, dans sa solution, un certain nombre de données auxquelles il fallait nécessairement satisfaire. Le canon étudié devait permettre un tir très rapide et très précis, posséder un calibre suffisant pour que son obus pût exploser en projetant une gerbe de projectiles animés d'une vitesse suffisante pour être, à coup sûr, meurtriers ; enfin, il était indispensable que sa portée fût grande pour répondre aux exigences du combat moderne, que sa trajectoire fût tendue et son angle de chute faible, afin de donner la possibilité de détruire à coup sûr l'artillerie de l'ennemi.

Les pièces en usage avant 1890, c'est-à-dire à l'époque où ce difficile problème s'imposa de façon urgente à l'attention des spécialistes étaient absolument incapables de répondre aux exigences de la nouvelle tactique. Leur chargement fractionné (sachet, projectile, étoupille) exigeait l'emploi fréquent de l'écouvillon; leur recul contraignait, après chaque coup, à une remise en batterie pénible et lente; les déplacements de la crosse, effectués au levier, ne pouvaient être réalisés que par des tâtonnements successifs; la poudre noire qu'elles tiraient, tendait, devant la batterie, dès le début du tir, un rideau opaque qui lui cachait l'objectif; enfin, leurs obus à mitraille n'avaient qu'un effet destructeur médiocre, en raison du réglage imparfait de leur fusée. En 1890, on fit tirer à ces canons la poudre sans fumée et on améliora leur shrapnell en le chargeant de balles en plomb durci à l'antimoine; de ce fait, un perfectionnement notable se trouva obtenu; mais la manœuvre resta tout aussi longue[1], même après l'adoption des freins à corde qui limi-

1. En réalité, la lenteur — d'ailleurs relative — des tirs effectués avec le canon de 90 tenait surtout à ce que toutes les opérations du chargement et du pointage se faisaient les unes après les autres, tandis que, dans le service du canon de 75, on a poussé aussi loin que possible la division du travail entre les divers servants, et réglé les opérations du tir de telle sorte qu'elles puissent être faites simultanément.

tèrent le recul sans le supprimer. Il apparut indispensable de changer le matériel tout entier.

Sous le ministère de M. de Freycinet, des recherches furent commencées, dans le but de supprimer le recul sur l'affût, d'accélérer le pointage et d'accroître la vitesse de chargement. La manufacture de Puteaux étudia le canon Ducros à affût rigide, tandis que celle de Bourges étudiait un affût à frein, sur lequel le canon reculait dans un manchon. La culasse fut ensuite modifiée, de façon à diminuer les temps de manœuvre et par suite la durée de chargement; on établit des corps d'affût à coulissement sur l'essieu ou à pivotement, afin de permettre au pointeur de rectifier lui-même le pointage en direction; enfin, on interposa une sorte de bras, relié à l'affût et au canon par des vis à commandes indépendantes, de manière à faciliter et à accélérer le pointage en hauteur. Mais, aucune de ces améliorations ne satisfaisait pleinement aux conditions impérieuses du problème; toutefois, les unes et les autres constituaient des progrès certains.

En ce qui concerne la puissance, on en vint, d'autre part, à considérer qu'il fallait construire un canon tirant, à une vitesse initiale de 600 mètres, un projectile pesant 7 kilogs ou 7 kilogs 500.

Des modèles divers furent ainsi créés, qui permettaient de tirer 400 ou 500 coups à la minute; mais l'affût se soulevait, « se cabrait » fortement au moment du tir : il fallait repointer à chaque coup et ramener souvent la pièce en batterie, ce qui interdisait pratiquement l'usage des tirs rapides. Néanmoins, les progrès réalisés étaient considérables : les spécialistes reconnaissant des qualités certaines aux deux pièces concurremment étudiées à Bourges et à Puteaux, on fut sur le point de les adopter ensemble, ce qui eût doté notre artillerie d'un double matériel à tir « accéléré ».

Une solution plus sage intervint, celle de con-

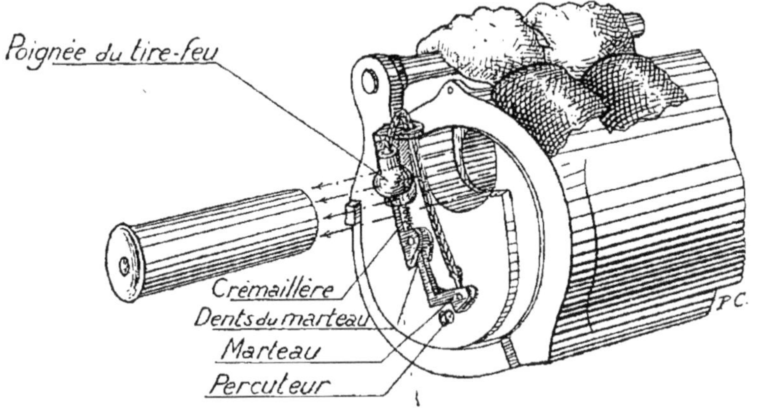

Le chargement du 75. — *Premier temps.* Le tireur ouvre la culasse, qui éjecte automatiquement la douille usée.

tinuer les études et les recherches. Le commandant Deport, qui dirigeait alors les ateliers de Puteaux, estimait, en effet, que « les matériels en essai, quoique très perfectionnés par rapport aux matériels alors en service, étant à dépointage total après chaque coup et ne réalisant pas le canon de campagne à tir rapide, ne constitueraient que des types de transition et risqueraient d'être arriérés avant même leur mise en service[1] ».

1. Lieutenant-colonel Deport : *Le canon à tir rapide; le matériel de campagne français et le matériel allemand* (plaquette de 48 pages).

Le général Mathieu, le général Deloye et le commandant Gaudin, qui présidaient alors, à des titres divers, aux destinées de l'artillerie française, se rangèrent délibérément à son avis et lui donnèrent toutes facilités pour étudier un canon à tir véritablement rapide, comportant un dispositif à long recul sur l'affût.

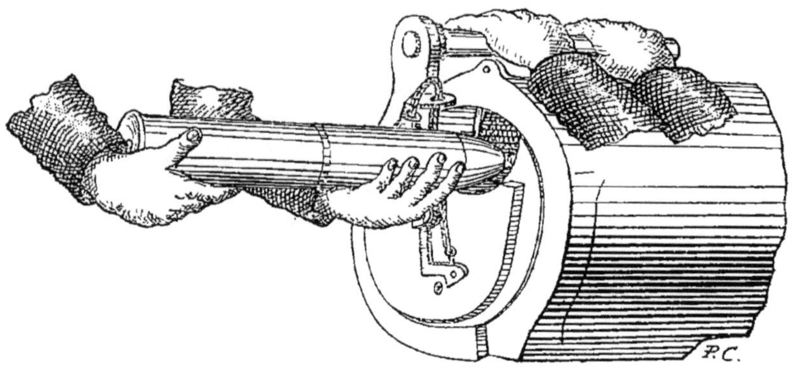

LE CHARGEMENT DU 75. — *Second temps :* Le chargeur introduit la cartouche.

Le commandant Deport se mit à l'œuvre; il porta d'abord son attention sur la recherche des moyens propres à obtenir un chargement rapide et à assurer l'immobilisation de la pièce sur son affût, de façon à rendre permanent le pointage une fois effectué.

S'inspirant de ce que MM. Canet et Hotchkiss avaient fait pour les pièces de marine, il combina un dispositif de fermeture conçu d'après un système très ingénieux[1].

1. Dans les pièces en service avant l'adoption du 75 (pièces de Reffye et de Bange), la fermeture de la culasse était assurée par une pièce en forme de coin, munie de bords filetés et placée dans l'axe du canon : cette pièce s'ouvrait et se fermait à la manière d'une

Grâce à ce dispositif, les manœuvres du chargement furent réduites à trois : le tireur ouvre « en un temps » la culasse, qui éjecte automatiquement la douille usée; aussitôt le chargeur introduit « en un temps » la cartouche comprenant l'ensemble de

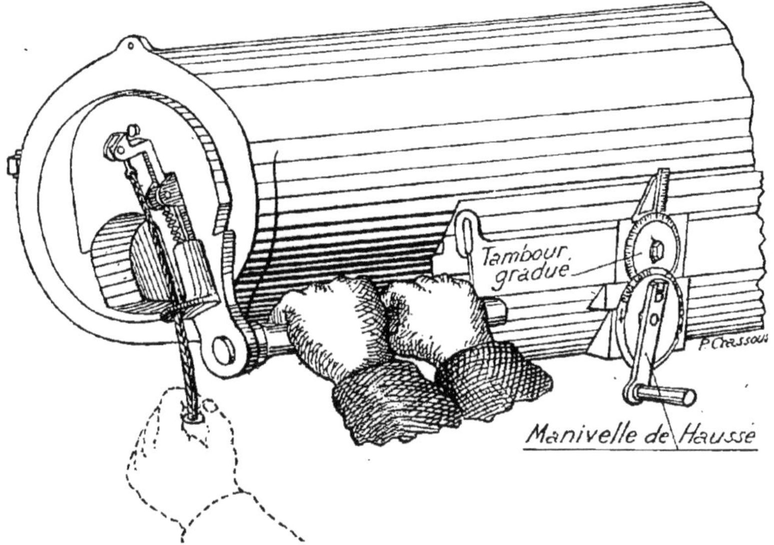

LE CHARGEMENT DU 75. — *Troisième temps :* Le tireur referme la culasse et met le feu.

la gargousse et du projectile; enfin le tireur referme

porte, ce qui nécessitait une manœuvre relativement assez longue (3 temps). Dans notre pièce de campagne actuelle, au contraire, la fermeture de culasse est dite « à vis excentrée » : elle est constituée par un disque massif dont le diamètre est supérieur au double de celui de l'âme et dont l'axe est situé au-dessous de celui du canon. Ce disque est percé d'une échancrure circulaire dont le diamètre est égal à celui de la pièce; il porte une manivelle par le moyen de laquelle on peut lui imprimer un mouvement limité de rotation. On amène ainsi l'échancrure dans une position qui découvre l'ouverture de l'âme et permet le chargement. Une rotation inverse ramène l'échancrure à sa position initiale et lui substitue une partie pleine qui assure l'obturation. Ouverture et fermeture sont donc obtenues avec rapidité, en un seul temps.

La culasse est munie d'un éjecteur qui, dès que la culasse est ouverte, extrait et projette en arrière la douille tirée.

la culasse et met le feu « en un temps ». Le chargement est donc d'une rapidité extrême, et sa durée est exactement celle qui est nécessaire à deux hommes pour accomplir trois mouvements simples, successifs et harmonieusement combinés.

Comme ces mouvements sont accomplis pendant le recul de la pièce, leur vitesse d'exécution est, pour ainsi dire, rythmée par la vitesse même de recul : c'est dire qu'elle est considérable. Aussi, dans la pratique, grâce à sa culasse simplifiée et grâce à sa cartouche, de tous points analogue à celle d'un fusil de guerre, le 75 peut-il tirer de 20 à 22 coups par minute.

En effet, quel que soit le nombre des cartouches tirées successivement, la pièce garde de façon rigoureuse sa position première et son affût, ancré solidement dans le sol, conserve une immobilité parfaite, tandis que le canon seul recule, pour revenir sans aucun écart à sa place.

La pièce étudiée par la manufacture de Bourges comportait un mécanisme simple, par lequel le canon coulissait en arrière dans une sorte de manchon, au moment du départ du coup : mais son recul étant faible, 40 à 45 centimètres environ, l'effort en arrière se trouvait brutalement limité ; il avait pour résultat fâcheux de soulever la pièce et, par suite, de la dépointer à chaque coup. L'expérience démontra qu'il était indispensable de tripler la longueur de recul pour être dans les conditions de stabilité pleinement satisfaisantes. Il fallait, par conséquent, renoncer à l'emploi du coulissement dans un simple manchon.

Le commandant Deport adopta un système de « guidage » par des galets fixés au canon et roulant dans un chemin pratiqué à la surface supérieure d'un berceau prismatique contenant lui-même un frein hydropneumatique et son récupérateur. Pendant le recul, la première paire de galets, fixée à l'extrémité de la volée, près de la bouche, n'entre en prise dans le chemin de guidage qu'au moment où les galets postérieurs cessent eux-mêmes d'être en prise : il fut, dès lors, possible de ne donner au

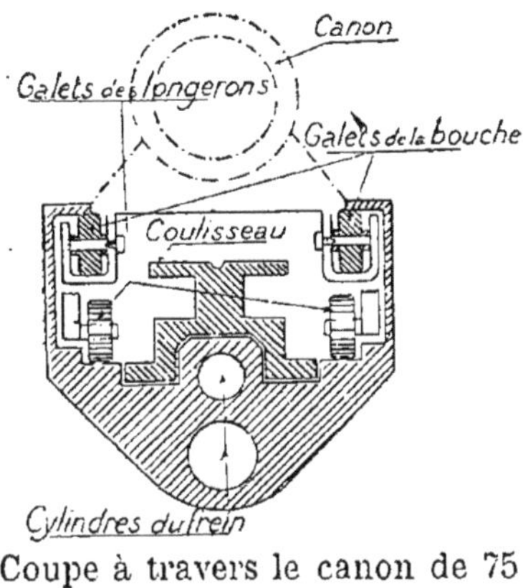

Coupe à travers le canon de 75 et son berceau.

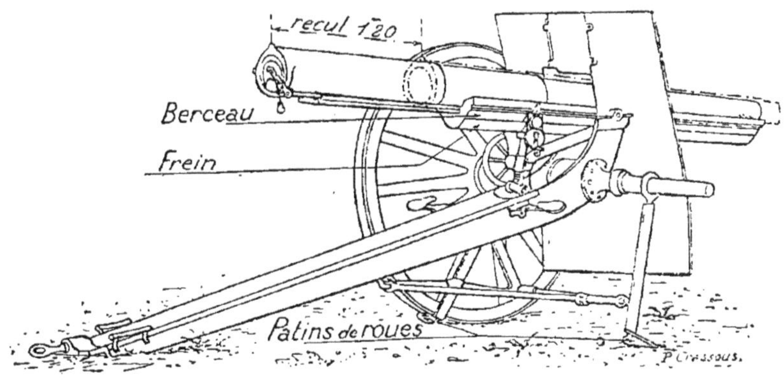

Pendant le tir, le 75 est immobilisé par ses patins de roue et par sa bêche de crosse.

berceau qu'une longueur faiblement supérieure à celle du recul (1 m. 35 dans le modèle en service).

Mais, pour que le système qui vient d'être sommairement décrit pût fonctionner utilement, il fallait, de toute nécessité, que l'immobilisation de l'affût lui-même fut absolue. On y parvint en plaçant sous l'affût une sorte de double béquille, constituée par l'assemblage, au moyen d'une traverse, de deux « patins de roue », relevés quand la pièce est en position de route et portant sur le sol durant le tir, puis en combinant une bêche de crosse[1] qui termine l'affût à sa partie libre, et qui est composée de trois

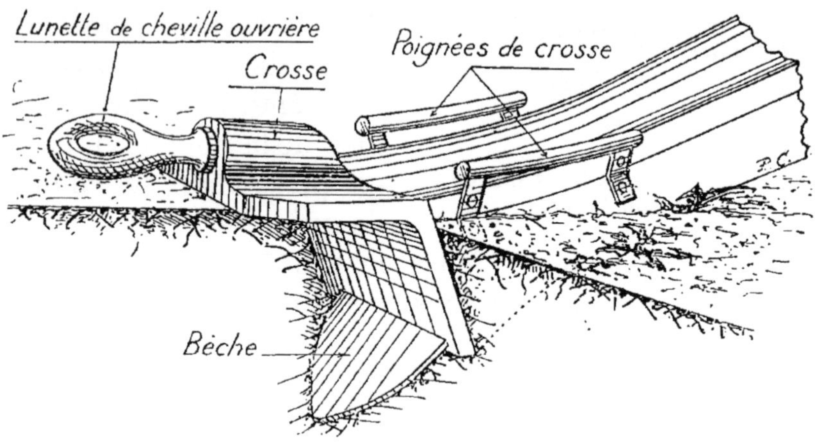

parties : une pointe pénétrant dans le sol, une face d'appui, et une partie plane s'appuyant sur la surface du sol en avant de la pointe, pour empêcher celle-ci d'agir à la façon d'un soc de charrue et de produire un véritable labourage. Après des tâtonnements assez longs, dirigés d'ailleurs par des calculs et non par le simple empirisme, la pièce étudiée se trouva munie d'un organe qui s'ancrait dans le sol

1. Pendant le tir, la pièce est donc fixée par trois points : les deux patins de roue qui supportent le poids de l'affût, et la bêche de crosse qui est ancrée dans le sol. Ce vaste « triangle de sustentation » lui assure une immobilité complète, quels que soient les efforts en arrière résultant du recul freiné.

dès le premier coup tiré et s'y fixait avec une énergie si grande que l'affût avait une stabilité parfaite.

Cette pièce comportait donc, comme parties essentielles : un dispositif de fixation au sol assurant l'immobilité de l'affût pendant le tir, un berceau porte-canon sur lequel se faisait le recul du canon seul, guidé par des galets, et qui contenait le frein, enfin, un système de culasse d'une extrême simplicité, permettant d'ouvrir, de charger et de refermer pendant le temps très court du recul, si bien que la mise de feu se faisait au moment précis où le canon reprenait sa place après avoir reculé.

Le frein, organe d'une importance primordiale, demeura pendant de longues années mystérieux, et, si les artilleurs en connaissaient le principe, ils en ignoraient les détails de construction. Bien qu'à l'heure actuelle, il n'y ait plus à proprement parler de secret en ce qui le concerne, puisque les hasards de la guerre ont fait venir en possession des Allemands un certain nombre de nos 75, rien n'oblige à donner du frein hydropneumatique autre chose qu'une description succincte et toute schématique. Il suffira donc de dire que le canon ne repose pas directement sur l'affût ; il est solidaire d'un cylindre, contenant un liquide incompressible [1], et qui l'accompagne dans son recul. Dans ce cylindre est disposé un piston dont la tige creuse est solidaire de la

1. Ce liquide incompressible est de l'huile oléonaphte. Ce frein hydropneumatique à huile a été préféré, pour des raisons diverses, au frein hydraulique à glycérine (eau 40 %, glycérine 60 %), imaginé par Siemens, appliqué par Krupp en Allemagne et par Vavasseur en Angleterre. Nous employons le frein à glycérine depuis plus de trente ans, dans les affûts de siège et place, ainsi que dans les affûts de côte.

partie fixe du frein, laquelle, également cylindrique, est reliée à l'affût. Pendant le recul, le liquide contenu dans le cylindre mobile s'échappe à travers

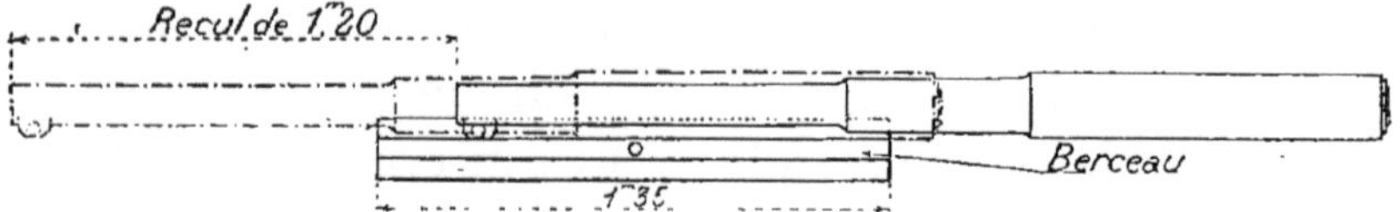

LE RECUL DU 75. — Les lignes pointillées indiquent la position du canon au moment du tir, les lignes pleines indiquent sa position extrême de recul.

des orifices ménagés dans la tige creuse du piston, et va se répandre dans la partie arrière du cylindre fixe; par l'intermédiaire d'un diaphragme, il y comprime de l'air qui joue en réalité le rôle de récupérateur, puisqu'il repousse le liquide suivant une direction inverse à sa direction première et provoque[1] ainsi le retour du canon à sa position initiale.

Les effets de dépointage produits par le recul étant ainsi complètement supprimés, et, d'autre part, la vitesse de chargement étant rendue aussi grande qu'il est possible, le canon établi par le commandant Deport — notre glorieux 75 actuel — se trouva être une excellente pièce à tir rapide, nettement supé-

1. En somme, le frein *hydropneumatique* se compose de deux organes principaux et différents l'un de l'autre : 1° un frein proprement dit, qui limite l'amplitude du recul; 2° un récupérateur à air comprimé qui, par sa détente élastique, provoque le retour en batterie.

Le frein *hydraulique*, au contraire, se compose essentiellement d'un piston qui se meut dans un corps de pompe rempli de liquide.

La résistance que l'on éprouve à déplacer le piston varie avec la vitesse de sa marche, avec les dimensions des orifices par lesquels doit passer le liquide refoulé, et avec la viscosité plus ou moins grande du liquide employé.

rieure à celle que les artilleries étrangères avaient construites.

Son inventeur l'améliora encore en la dotant de

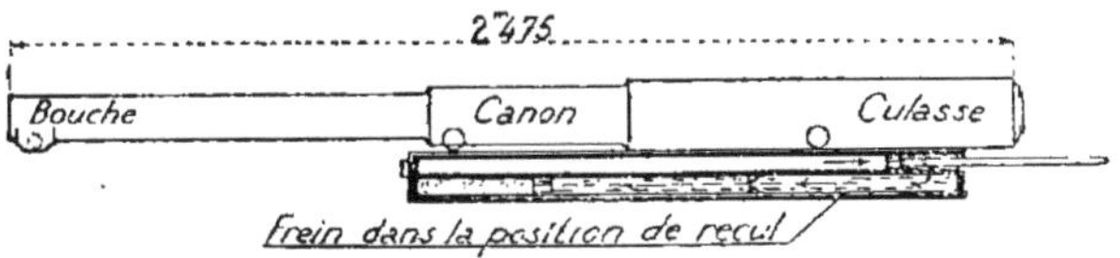

perfectionnements dont l'utilité pratique est extrême.

Si, au lieu de reposer, par l'intermédiaire d'un affût à roues, sur un sol qui est toujours plus ou moins déformable, la pièce était ancrée sur un support absolument fixe, comme le serait, par exemple, un massif de béton, il suffirait, pour la pointer, de lui donner, une fois pour toutes, la direction nécessaire : l'opération serait alors d'une très grande simplicité. Mais si le sol sur lequel repose l'affût se tasse légèrement, le pointage une fois donné se modifie pendant le tir, au grand préjudice de la justesse. On peut cependant[1], en la munissant d'un viseur ou d'un niveau à bulle d'air, corriger immédiatement toute dénivellation, en chargeant un servant d'agir sur la vis de pointage, de manière à maintenir le viseur à hauteur du point visé, ou la bulle entre ses repères. Si ce même servant a, en outre, sous la main une autre manivelle qui lui permette de maintenir en direction, au moyen du viseur, la plate-forme-support du canon, cette plate-forme sera dans les mêmes conditions que si elle était immuable dans l'espace. Malgré le tir,

1. Lieutenant-colonel DEPORT, *loc. cit...*

explique le lieutenant-colonel Deport[1], le canon sera toujours pointé, et, si des changements de hausse sont ordonnés, ils pourront être effectués instantanément sans retarder le tir rapide. Par ce moyen, le pointage est donc divisé entre deux servants ayant chacun une consigne extrêmement simple :

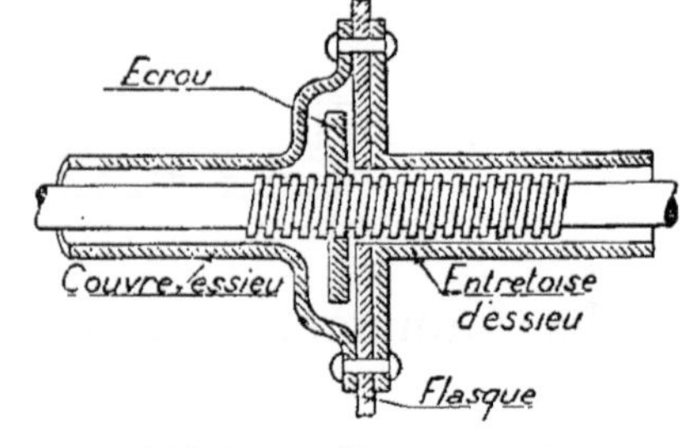

Dispositif de coulissement du corps d'affût sur l'essieu.

L'un, le pointeur, placé à gauche, a pour consigne de maintenir la bulle du niveau entre ses repères et la ligne de mire en direction, en agissant de temps en temps, lorsqu'il y a lieu, sur des manivelles placées dans ses mains. Il ne s'occupe pas de donner la hausse.

L'autre, placé à droite, a pour consigne de donner les hausses, en manœuvrant une manivelle, de manière à amener une aiguille en regard du nombre correspondant à la distance commandée. Mais, en raison de l'extrême simplicité de cette opération, d'ailleurs peu fréquente, ce servant de droite est aussi chargé de la manœuvre de la culasse.

Dans l'affût du 75, cette conception de la division du travail de pointage fut réalisée, pour le pointage en hauteur, en interposant entre l'affût et le canon un support intermédiaire ou berceau, relié d'une part à l'affût et d'autre part au canon par des mécanismes de pointage en hauteur indépendants; ceux-ci sont manœuvrés, le premier par le pointeur

1. Deport, *loc. cit.*

pour donner ou maintenir l'angle de site et le second par le tireur pour donner la hausse des tables à la manivelle, système de pointage dit à hausse indépendante.

D'autre part, un dispositif de coulissement du

LE CANON DE 75. — Position des servants.

corps d'affût sur l'essieu facilita grandement le pointage en direction, et permit à la pièce, soit de « suivre » un but mobile soit « d'arroser » d'obus à balles, par un tir fauchant, un espace étendu en profondeur.

Enfin, en raison même de la rapidité du tir, et des fonctions imparties aux servants, il fut possible d'asseoir ceux-ci sur des sellettes fixées à l'affût;

protégés par des boucliers d'acier à l'épreuve de la balle, ils chargent, tirent et maintiennent le pointage, tandis que la pièce, sous l'effet de recul, est animée entre eux d'un mouvement de va-et-vient des plus impressionnants. Le poids de leurs corps contribue évidemment à accroître la stabilité de l'affût[1].

*
* *

Ainsi conçue, la pièce de 75 fut construite dans le plus grand secret, et, tandis que les Allemands trompés par les habiles manœuvres du général Deloye, adoptaient un canon à tir simplement accéléré, notre artillerie se trouva pourvue d'une pièce de campagne qui n'a pas encore été égalée et qui, tous les jours, fait merveille au front.

Si on compare ses caractéristiques principales à celles du canon de campagne allemand (1897 n. A[2], calibre 77), la supériorité de notre arme apparaît avec évidence. Ces caractéristiques sont les suivantes[3] :

1. En raison de la place occupée de part et d'autre de l'affût, par les sellettes où sont assis les deux servants, le poids de ceux-ci porte entièrement sur les patins de roue et tout effort qu'ils accomplissent pour prendre un point d'appui sur le sol « se compose » avec l'effort d'arrachement en arrière que produit le recul, c'est-à-dire ajoute à l'action de la bêche de crosse.

2. Le canon de campagne allemand du modèle 1897 a été modifié et est devenu officiellement le 1897 Neuer Art (1897 n. A).

3. Cf. *Revue d'artillerie*, décembre 1913.

	CANON DE 75	CANON DE 77
	—	—
Longueur de la pièce.............	2^{m},475	2^{m},400.
Portée maxima, à tir fusant.......	6^{km},500	5^{km},300.
Poids du shrapnell...............	7^{kg},250	6^{kg},850 .
Poids de la charge...............	0^{kg},700	0^{kg},570
Poids par unité de section,........	163 kg.	147 kg.
Vitesse initiale..................	529 mèt.	465 mètres.
Vitesse à 1.000 mètres...........	413 »	369 »
— à 2.000 mètres...........	334 »	310 »
— à 3.000 mètres...........	290 »	275 »
Force vive à la bouche...........	10^{kg}. 35	75 kg.
— à 2.000 mètres.........	409^{kg}.	33.6 »
Nombre des balles du shrapnell...	300	300
Poids de chaque balle de shrapnell.	12 gr.	10 gr.
Zone dangereuse, pour un but de 1 mètre de hauteur :		
A 1.000 mètres...................	41 mètres	31 mètres.
A 2.000 mètres...................	15 »	12 »
A 3.000 mètres...................	7.6 »	6.5 »
Epaisseur du bouclier............	3 millim.	5 millim.
Surface du bouclier...............	1,30 m^2	1,44 m^2.
Poids de la pièce en batterie.......	1100 kg.	950 kilogr.
Poids de la pièce avec son avant-train, mais sans servants........	1900 »	1800 kg.
Poids du caisson chargé de projectiles, mais sans servants........	1950 »	1850 »

Si le 77 avait sur notre 75 quelque supériorité, celle-ci résiderait donc dans son poids relativement léger, qui le rend plus maniable que notre pièce et lui permet de passer plus facilement, en campagne, dans les terres labourées et les chemins défoncés. Mais, outre que cette différence est bien minime [1] (100 à 150 kilogs, suivant que l'on considère la pièce nue, ou la pièce munie de son avant-

1. La plus ou moins grande mobilité d'une voiture dépend beaucoup plus du diamètre de ses roues et de la largeur des jantes que du poids même de la voiture. Une différence de poids de 150 kg. ne signifie rien, dans la pratique.

train, ou le caisson chargé de projectiles), elle disparaît quand on considère que, le service du 77 exigeant un personnel plus nombreux que le service du 75, les Allemands placent sur leurs avant-trains et leurs caissons 5 servants, tandis que nous en plaçons 3 seulement sur les nôtres. D'autre part, notre pièce dispose sur le champ de bataille[1] d'un nombre de coups un peu supérieur à celui des coups de la pièce allemande. C'est là une supériorité qui a son importance.

LE CANON DE CAVALERIE. Quoi qu'il en soit, les hommes compétents ont estimé depuis longtemps chez nous qu'il était indispensable d'avoir à notre disposition un canon de campagne léger, maniable, susceptible de suivre à toutes les allures les évolutions des troupes à cheval et pouvant, pour ainsi dire, « passer au galop partout ». Aussi l'armée a-t-elle longtemps réclamé, en dehors du 75 qui arme nos 618 batteries montées[2],

1. Une batterie de quatre pièces a 12 caissons, portant chacun 96 coups, soit 3 caissons par pièce, ou 288 coups. Derrière, au Parc d'artillerie de corps d'armée, se trouvent des sections de munitions que l'on fait avancer près de la ligne de feu, ce qui représente actuellement plus de 60 coups par pièce. Plus loin, derrière, se trouvent les échelons du Grand Parc d'artillerie d'armée que l'on rapproche des sections de munitions quand celles-ci sont sur le point d'être épuisées. La rapidité avec laquelle se fait le ravitaillement en munitions ainsi échelonnées en profondeur est donc, logiquement, fonction de la rapidité avec laquelle les ordres sont transmis, des distances à parcourir, de l'état des chevaux, de la nature et de l'état du terrain, etc... On est en droit d'affirmer cependant que, dans notre armée, *cette rapidité est très grande.*

2. Ce nombre de 618 batteries montées, armées du 75, est très inférieur à la réalité, au moment où ces lignes sont écrites. Il en est de même pour le nombre des batteries à cheval affectées aux divisions indépendantes de cavalerie. Depuis le début de la guerre, on a beaucoup travaillé dans nos fonderies et dans nos usines militarisées : il ne convient pas de donner à ce sujet les moindres précisions.

un canon léger destiné aux 30 batteries légères, rattachées à nos divisions indépendantes de cavalerie. La question a fait couler des flots d'encre, mais n'a pas été résolue, tout au moins « officiellement[2] ». C'est ainsi que nous avons pu voir à la

1. L'Etat du corps de l'artillerie au 1er janvier 1914 (p. 502, 503, 504) donne la composition de l'artillerie des divisions de cavalerie : dix divisions, ayant chacune trois batteries. *Ce nombre est inférieur à la réalité actuelle.*

2. Le problème posé aux ingénieurs d'artillerie était le suivant : « Établir un canon à tir rapide, ayant une puissance à la bouche de 100 tonnes-mètre, et ne se dépointant pas pendant le tir ». Pour obtenir le non-dépointage de la pièce, et tout d'abord la stabilité de l'affût, malgré les fortes percussions du tir, il faut évidemment : 1) que l'affût présente une symétrie aussi parfaite que possible par rapport au plan vertical passant par l'axe de la bouche à feu, lorsque celle-ci repose sur un plan horizontal; 2) que la base d'appui, c'est-à-dire le triangle formé par les points d'appui de la crosse et des roues, soit suffisante ; 3) que le centre de gravité de tout le système soit assez rapproché du sol pour que l'affût ne se soulève pas pendant le tir, sous l'action de la force de recul.

La première condition est remplie par ce fait que l'affût coulisse tout entier sur l'essieu; la résultante des forces passe toujours par le point d'appui de la bêche de crosse.

Pour la seconde condition, il ne peut lui être satisfait en écartant démesurément les roues : on ne peut donc augmenter la base d'appui qu'en allongeant la flèche de l'affût, de manière à diminuer le plus possible l'angle de recul, c'est-à-dire l'angle que fait l'affût avec le plan horizontal passant par le point d'appui des roues, angle dont le sommet est au point d'enfoncement de la bêche de crosse.

Pour abaisser suffisamment le centre de gravité, on a dû adopter pour le 75 des roues d'un diamètre inférieur à celui des roues du 90, et on a sacrifié ainsi une partie de la mobilité. C'était là, évidemment un inconvénient, mais on avait besoin de construire un canon puissant, lançant un projectile d'au moins 7 kg. avec une vitesse initiale d'au moins 500 mètres. Aussi le général allemand Rohne a-t-il pu, dans une brochure parue vers 1901 (quatre ans après la mise en service de notre matériel de campagne actuel!!), démontrer « mathématiquement » que notre obus de 75 « ne pouvait pas » peser 7 kg. Pour le canon de cavalerie, on voulait une mobilité plus grande; comme il fallait, en outre, tirer l'obus même de la pièce de campagne, tout en n'ayant pas de dépointages à craindre, il fallait, de toute nécessité, réduire la vitesse initiale. C'est ce que l'on a fait.

Du reste, il n'y avait pas, à proprement parler, péril en la demeure, puisque le canon de 75 pouvait, à la rigueur, suffire. On prit donc dernière revue de Longchamp, quinze jours avant la guerre, des batteries ordinaires de 75 défiler à la suite des escadrons.

Cependant, les Allemands se sont aperçus en temps utile que, sans avoir éprouvé le besoin de le leur faire savoir, nous possédions un matériel léger qui, dans les batailles de l'Ourcq, de l'Aisne et du Nord, leur a fait énormément de mal, en assurant à nos charges la plus efficace des préparations.

Ce canon, fabriqué en série par les usines du

Canon de cavalerie et son avant-train.

Creusot, tire la cartouche du 75, mais son projectile a une vitesse centrale initiale réduite à 485 mètres par le raccourcissement de la volée de la pièce. Il pèse 960 kilogs en batterie, 1.400 kilogs par voiture attelée, et ses grandes roues lui assurent une mobilité extrême. Il n'a pas d'analogue dans l'armée ennemie.

Dans le courant du mois qui suivit le déclaration

le parti d'étudier *à fond* un canon susceptible de donner toute satisfaction à la cavalerie ; ce canon fut adopté et construit..... plusieurs années avant la guerre. Seulement, ni le public français, ni l'État-major allemand n'en ont été prévenus...

de guerre, nous avons eu la bonne fortune d'acheter à l'étranger un nombre « relativement important » de batteries de ces canons légers de campagne qui avaient été construits depuis 1912, pour une armée étrangère; celle-ci a fait, au point de vue argent, une affaire excellente; nous avons fait, nous, une affaire bien meilleure encore au point de vue militaire.

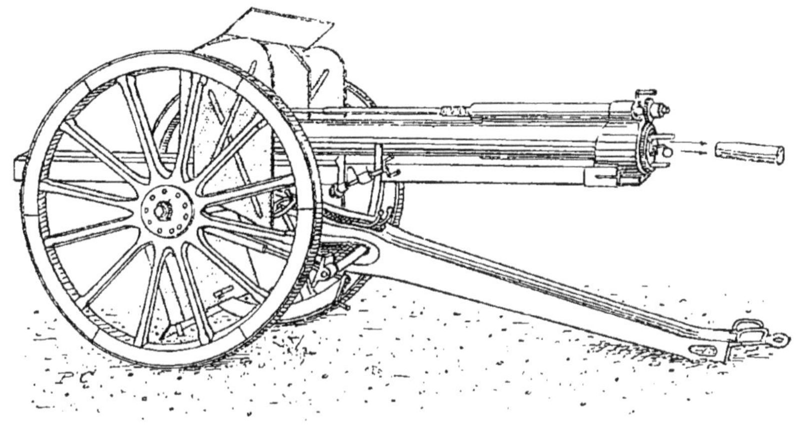

Le canon éjecte sa douille pendant le recul.

D'autre part, nous avons à l'heure actuelle en service, comme canon « très léger » de campagne, un nombre plus important qu'on ne le suppose de pièces fabriquées par les usines de Montluçon, et dont le lieutenant-colonel Deport a fait connaître les principales caractéristiques. Rien n'empêche de résumer ces caractéristiques, puisqu'elles ont été rendues publiques par lui, avant la guerre, et puisque, d'ailleurs, l'Etat-major allemand les connaît.

Donc, ce canon tire la cartouche complète du 75 et possède la même culasse à vis excentrique; mais cette culasse est semi-automatique et éjecte la douille vide pendant le recul. La cartouche nouvelle est introduite par le chargeur, pendant que le canon rentre en batterie, et, comme la culasse est disposée de façon à se fermer automatiquement, le canon est prêt à faire feu au moment même où il revient à sa position de tir, après avoir reculé.

Le chargeur a sous la main une manivelle qui lui permet de donner la hausse : comme il peut, de plus, faire partir le coup en retirant simplement la main, le servant tireur peut être supprimé sans inconvénient, et la pièce est équilibrée de telle sorte que sa suppression n'a pas d'influence sur la stabilité.

Dans les tirs progressifs, le chef de pièce prend, sur la sellette de droite, la place du tireur : il peut ainsi surveiller, sans risque de blessure, à la fois le servant de la pièce et ceux du caisson.

Le bouclier assure une protection complète : à cet effet, le pavois inférieur est relié aux extrémités de l'essieu ; de plus, il porte une bêchette d'ancrage qui s'enfonce dans le sol et maintient latéralement la tête d'affût dans le tir. La partie supérieure du bouclier comprend une tôle de face de 5 millimètres, un toit de 3 millimètres, articulé partiellement, et des vantaux latéraux, également articulés, reliés aux tirants du frein, de manière à permettre le coulissement du corps d'affût sur l'essieu, sans diminuer la protection latérale assurée aux servants.

Le système de hausse indépendante est essentiellement constitué par une vis et son écrou, actionnés chacun par une manivelle : en agissant sur la vis, le pointeur donne la hausse indiquée, tandis qu'en agissant sur l'écrou, il assure le pointage en hauteur. A l'écrou, sont articulés deux bras qui embrassent les tourillons et se rejoignent pour supporter l'ensemble des appareils de pointage. Le frein pneumatique est à longue course (1420 mil-

Le canon vu par l'avant — Les 3 servants sont abrités par le bouclier

Le canon de cavalerie, vu par l'avant et par l'arrière.

limètres); il est enfermé dans une poutre creuse adaptée au canon.

La pièce, montée sur des roues relativement très hautes ($1^{m},63$), pèse, en ordre de route, 1.040 kilogs, soit 100 kilogs de moins que le 75 : l'avant-train contenant 20 coups à tirer, pèse 520 kilogs; par conséquent, la pièce complète, attelée et munie de 20 coups, pèse 1.560 kilogs, c'est-à-dire qu'elle est assez légère pour pouvoir suivre partout et à toutes les allures les évolutions de la cavalerie.

Il ne convient pas de donner de plus amples détails sur ces pièces de campagne très mobiles, auxquelles rien n'empêche de conserver le nom de

« canons de cavalerie ». Les Allemands, en effet, n'ont pas encore eu l'occasion de nous en prendre une seule. Ils ignorent donc certains perfectionnements importants et précieux qui ont été récemment apportés à ces pièces légères, maniables et puissantes, qui, en raison de leur mobilité extrême, semblent douées vraiment du don d'ubiquité et qui leur font partout un mal terrible.

LE CANON DE MONTAGNE. Les Allemands se sont aperçus et s'aperçoivent tous les jours davantage dans les Vosges et en Alsace, que « le ridicule

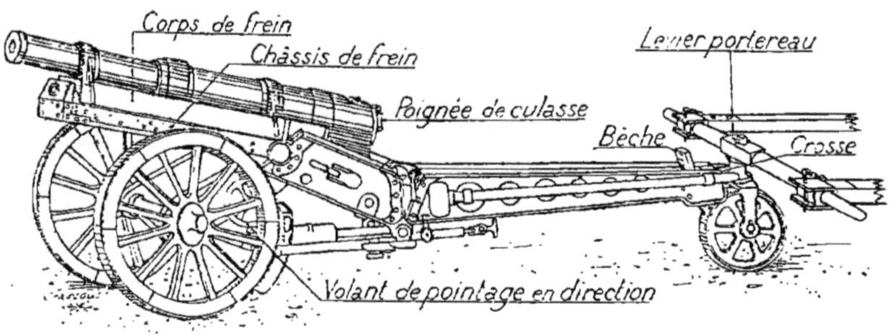

Canon de 65 de montagne, position de route.

petit jouet » qu'est notre canon de montagne, est une arme dangereuse quand il est servi par nos artilleurs alpins.

Cette pièce légère, mais précise et robuste, donne à l'usage des résultats excellents, en dépit de sa portée plus faible que celle du 75 et du moindre poids de son obus. Nous en possédons, à l'heure actuelle, beaucoup plus que le grand Etat-major de Berlin ne pouvait le savoir au moment de l'entrée en campagne; on en a construit depuis le début des hostilités, de quoi fournir des batteries à toutes les unités alpines de nouvelle formation et à la plupart des unités vosgiennes.

Ce canon, dont le calibre est de 65 millimètres seulement, pèse 105 kilogs (avec son couvre-bouche et son couvre-culasse); il comporte un châssis-frein du poids de 106 kilogs et est monté sur un affût spécial, pourvu d'une articulation qui per-

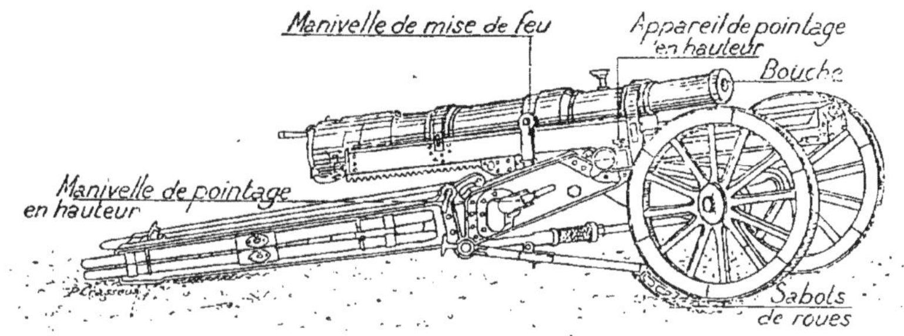

Canon de 65 de montagne en position de tir. Le canon est à la fin de son recul.

met de le raccourcir à volonté, de manière à accroître l'inclinaison maxima de la pièce; celle-ci est de 24° quand le tirant d'affût est allongé de toute sa longueur, et de 35° quand il est complètement raccourci. D'autre part, le canon peut prendre une inclinaison de 10° au-dessous de l'horizon, ce qui lui permet d'effectuer sans difficulté des tirs de haut en bas et, quand il est sur un point culminant, de battre la plaine avoisinante jusque dans ses parties les plus rapprochées.

Pour le tir, on agit comme pour le 75 : la bêche de crosse est enfoncée dans le sol, les roues sont montées sur leurs patins; après le premier coup tiré, la pièce est « assise » et reste désormais immobile, le chassis-frein anihilant le recul.

La différence essentielle — calibre mis à part — qui existe entre le 75 de campagne et le 65 de montagne, réside, en somme, dans la possibilité de transporter celui-ci, soit sur affût à roues, soit à dos de mulet, la pièce étant chargée sur un animal de bât, l'affût étant chargé sur un autre animal. Grâce à cette « division » du 65, l'arme est d'une mobilité extrême et peut, littéralement, passer partout. Nos artilleurs alpins font, à cet égard, des prodiges et, pour eux, il n'est pas de sentiers trop escarpés, comme il n'est pas de cimes inaccessibles.

La pièce de 65 à dos de mulet.

Il est permis de dire — sans plus — qu'à côté de ce canon de montagne excellent, nous en avons un autre semblable à lui en apparence, mais comportant deux perfectionnements qui, de l'avis d'hommes qualifiés et compétents, triplent « au moins » sa puissance et son efficacité de tir. Comme nous possédons déjà de très nombreux exemplaires de ce 65 amélioré, on s'explique pourquoi les Allemands n'ont pu s'empêcher, en maintes circonstances, de constater combien leur fait de mal le canon des Alpins, dont ils se complaisaient à nier la valeur militaire[1].

Du reste, l'ancien canon de campagne en usage avant le 65 actuel, est sorti des arsenaux dès les premiers jours de la guerre, et, servi comme il l'est par des artilleurs merveilleusement entraînés, il a donné la preuve certaine de sa très réelle valeur militaire.

Cette pièce, du calibre 80 millimètres, fut adoptée en 1878 : elle est en acier, rayée à droite, se charge par la culasse et tire — quand on lui donne à brûler de la poudre noire — une gargousse de 400 grammes lançant à 4.000 mètres, avec une vitesse initiale de 257 mètres, un obus de 5 kg. 600. Quand elle brûle de la poudre moderne, la vitesse initiale de son projectile s'accroît notablement, et quand elle tire un obus analogue, comme chargement et comme fusée, à celui du 75, c'est une arme tout à fait redoutable. Sa longueur est de 1^{m},200, son poids est de 105 kilogs et son affût pèse 145 kilogs environ. Celui-ci a été, lors de sa cons-

1. A cet égard, l'opinion de l'État-major allemand se fondait, évidemment, sur le rapport des espions qui avaient pu voir le 65 en service au Maroc. Il est entendu, de l'autre côté du Rhin, que nous sommes une nation parfaitement stupide et incapable de la moindre préparation rationnelle à la guerre. Aussi, nos ennemis ne se sont-ils pas doutés un seul instant que nous avions en réserve un autre canon de montagne que le 65. Malheureusement, nous n'en possédions que quelques exemplaires au moment de la déclaration de guerre. En cette matière, comme en bien d'autres — hélas ! il a fallu improviser...

truction, pourvu d'un système de freins qui limitait son recul : il a été pourvu, dans les pièces « remises en service » d'un frein nouveau qui supprime à peu près totalement le recul et fait du 80 de montagne une véritable pièce moderne.

Il est impossible de dire combien nous en possédons à l'heure actuelle, de batteries sur le front; il est seulement permis de noter que chaque batterie de 80 de montagne comporte 6 pièces, 60 caisses à munitions, 1 forge, 2 caisses d'outils, une caisse d'instruments, 6 caisses d'approvisionnement. Il suffit, pour transporter les 6 pièces et leur matériel, de 57 mulets de bât. La batterie de 80 de montagne est escortée d'une section de munitions d'artillerie, comportant une, et souvent deux pièces et trois affûts de rechange, une forge, des outils, des approvisionnements, le tout chargé sur 41 mulets. Une section de munitions d'infanterie (21 mulets) maintient à portée de la batterie les munitions avec les approvisionnements divers qui sont nécessaires aux servants pour vivre et se servir de leurs armes personnelles (carabines et mousquetons).

Le canon de 80.

Ces batteries de 80 doublent efficacement les batteries de 65 de montagne : en de nombreux points du front, elles ont rendu les services les plus importants.

LES ANCIENS CANONS DE CAMPAGNE.

Une constatation tout aussi rassurante doit être faite à propos des anciens canons de campagne qui ont précédé le 75 dans notre armée; eux aussi, sont sortis des arsenaux où ils étaient en réserve disponible, et ont trouvé une place au front.

Au lendemain de la guerre de 1870-71, notre artillerie présentait, à vrai dire, le spectacle de la confusion la plus grande. Nous possédions des canons de 7 [1], rayés de droite à gauche, d'autres qui l'étaient de gauche à droite. Un régiment comportait le plus souvent des batteries de 7, des batteries de Withworth, des batteries de mitrailleuses, parfois même des batteries de 4, 8, 12 qui dataient du second empire et dont les pièces se chargeaient par la bouche.

Le lieutenant-colonel de Reffye mit, dans ce chaos, autant d'ordre qu'il était possible. Mais les pièces qu'il fit construire à la manufacture de Tarbes (canon de 7 et canon de 5 destiné à la cavalerie), n'ont pas été remises en service pendant la guerre actuelle.

LE 95 DE CAMPAGNE

Nous possédons seulement aujourd'hui un certain nombre de batteries armées du 95, construit par le colonel de Lahitolle, et qui remplace le canon de Reffye. C'est

1. Les canons de 7, de 5, de 4, de 8, de 12, tiraient leur nom du poids en kilogrammes du projectile qu'ils lançaient. Dans les pièces actuelles, au contraire, le nom est tiré du nombre de millimètres du calibre. Ainsi le 75, le 65, le 90 ont respectivement des calibres, c'est-à-dire des diamètres intérieurs de 75 millimètres; 65 millimètres; et 90 millimètres.

une pièce en acier, de diamètre 95 millimètres, munie de 6 frettes et portant intérieurement 28 rayures, dirigées de gauche à droite.

Les caractéristiques principales sont les suivantes :

Poids...........................	706 kilogs.
Longueur du canon.............	2 m. 50.
Longueur de la volée..........	1 m. 53.

Le mécanisme de culasse est constitué par une vis en acier à filets trois fois interrompus, portée par un volet mobile autour d'une charnière. Cette vis s'introduit dans un écrou, le logement de culasse ; les filets sont, eux aussi, trois fois interrompus.

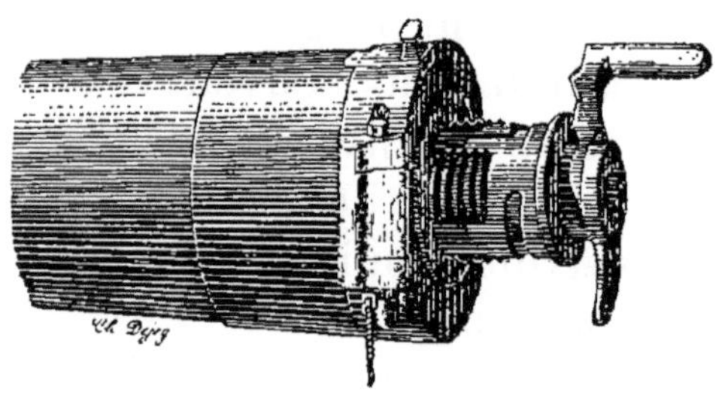

Fermeture du canon de 95.

La manœuvre d'ouverture et de fermeture est relativement simple. Le servant saisit, avec la main gauche, le levier de la vis de culasse, le relève et le tire à lui le plus possible, de façon à faire tourner la vis : avec la main droite, il tire franchement la culasse en arrière, et la fait pivoter sur sa charnière. La fermeture s'opère par une manœuvre inverse.

Le corps de vis est traversé par un canal cylindrique dans lequel se loge une pièce en acier, la tête mobile. Celle-ci, est percée de part en part d'un trou de lumière (diamètre 5 millimètres) qui sert au passage de la flamme jaillie de l'étoupille.

La partie en forme de champignon qui termine en avant la tête mobile repose sur le corps de vis par l'intermédiaire de l'obturateur, sorte de galette cylindrique en forme d'anneau épais composée d'un mélange d'amiante et de suif enveloppé dans deux plaques d'étain. La gargousse étant en place, et la culasse fermée, une étoupille[1] est placée dans le trou de lumière, et, quand elle est tirée, la flamme qui en jaillit allume la poudre de la gargousse; le champignon de la tête mobile est brutalement rejeté en arrière. L'obturateur s'écrase sur la vis mobile et ferme toute issue aux gaz dont l'effet explosif se porte, dès lors, exclusivement sur le projectile pour le chasser en avant.

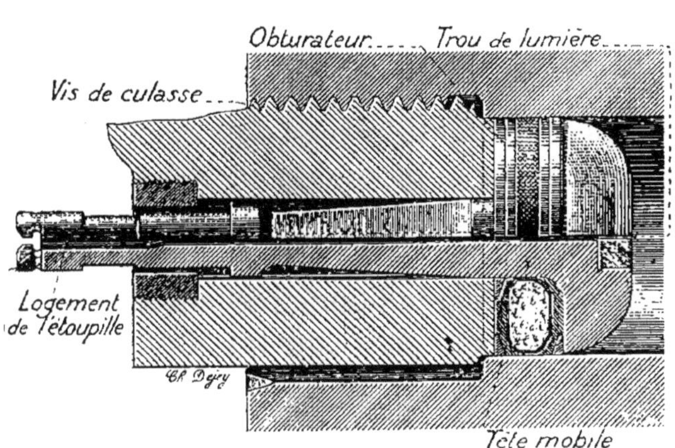

Mécanisme d'obturation du canon de 95.

Évidemment, le canon de 95, comporte un système de fermeture dont la manœuvre nous paraît peu rapide, à nous qui pouvons le comparer avec

1. L'étoupille est constituée par un petit tube de laiton rempli de fulminate de mercure, à l'intérieur duquel passe une tige rugueuse. Quand on déplace cette tige au moyen d'un cordon tire-feu, on provoque la déflagration du fulminate : une flamme jaillit, qui met le feu à la gargousse de poudre.

celle de « notre 75 » ; évidemment, la pièce recule avec violence et, par suite, exige à chaque coup tiré une remise en batterie toujours lente ; évidemment, aussi le dispositif de pointage dont elle est munie ne saurait soutenir à aucun point de vue la comparaison avec celui de notre pièce de campagne actuelle.

Mais, sous la poussée impérieuse des circonstances, nos ingénieurs d'artillerie l'ont si habilement modifié avant de l'envoyer au front, il y a quelques mois, que le 95 aujourd'hui en service est devenu une excellente pièce à tir accéléré qui envoie, sans se gêner le moins du monde, un obus explosif de 10 kilogs 900 à la distance de 6,500 mètres. Le vieux canon de Lahitolle est devenu, dans la guerre actuelle, une très bonne pièce demi-lourde dont les bons effets ont été constatés en maintes rencontres.

LE 90 ET LE 80 DE CAMPAGNE

On peut en dire autant du canon de 90, dû au colonel de Bange et, qui après avoir armé notre artillerie pendant vingt ans (1877-1897) vient d'être remis en service ; il peut être considéré comme le très utile « second » de notre 75.

Culasse du canon de 90.

C'est également une pièce en acier fondu, martelé et trempé à l'huile ; elle pèse 530 kilogrammes, est longue de 2 m. 28, et lance à 6.900

mètres, avec une vitesse initiale de 455 mètres par seconde, un obus de 8 kilogs. Le mécanisme de culasse ne présente que des différences de détail avec celui du canon de 95; il se compose comme lui, d'une vis en acier, à filets trois fois interrompus, portée par un volet mobile autour d'une charnière, et qui se loge dans un écrou dont les filets sont, eux aussi, trois fois interrompus.

Le canon de Bange, de 80, est à peu près identique dans son ensemble, au 90 de campagne, mais il est moins lourd (425 kilogs) et, par suite, plus mobile, ce qui lui permet de suivre sans difficulté les évolutions de la cavalerie. Son obus pèse 5 kilogs 900 avec une charge explosive de 1.500 grammes; il a une vitesse initiale de 490 mètres; et une trajectoire maxima longue de 7.100 mètres [1].

Le pointage en hauteur des pièces qui viennent d'être sommairement décrites, se fait suivant des mécanismes très analogues. Une vis de pointage, à laquelle les mouvements nécessaires sont imprimés par une manivelle, soulève ou abaisse la culasse, et, par suite, modifie, dans un sens ou dans l'autre, l'inclinaison de la pièce sur l'horizontale.

Le canon de 90, comme celui de 80 du reste, présente un inconvénient réel : c'est qu'après chaque coup, il exige une remise en batterie qui, surtout si le terrain est mauvais, devient vite très pénible

1. Le rapport entre le poids de la charge de poudre et celui du projectile est de 0,23 pour le canon de 90, tandis qu'il est de 0,27 pour le canon de 80 : cela suffit à expliquer la différence de vitesse initiale et par suite, de portée, des deux pièces.

pour les servants dans un tir rapide et prolongé. En outre, il a tous les défauts d'une pièce dont le pointage est fait à la hausse.

Mais en ce qui concerne la rapidité de son tir, l'habileté et l'excellente instruction technique des

Le canon de 90.

servants la rendent relativement grande. On a pu voir dans les concours de tir, des pièces remises en batterie, rechargées et repointées, 7 secondes après le départ du coup. Les servants qui mettaient plus de 12 secondes pour effectuer ces opérations, étaient généralement sûrs de ne pas être classés. On peut donc dire que le 90 est capable de tirer, à la minute, 5, 6, et même 7 coups. C'est donc une pièce excellente, et qui n'a pas perdu sa valeur propre, malgré ses 40 ans d'âge. La lenteur de son tir tient surtout à ce que toutes les opérations du chargement et du pointage se font « successivement », tandis que, dans le service du canon de 75, on a poussé aussi loin que possible la division de travail entre les servants : aussi toutes les opérations peuvent elles être effectuées simultanément.

LE TIR COURBE.

Un canon, quel qu'il soit — notre 75 et notre 65, aussi bien que le 77 allemand ou que nos pièces anciennes, 95, 90, 80 de campagne — est, par définition, « par construction » pourrait-on dire, dans l'impossibilité de fournir un bon tir courbe, et c'est la raison pour laquelle toute artillerie doit comprendre à la fois des canons et des obusiers. Ceci réclame quelques précisions d'ordre technique.

Le projectile lancé par un canon et, du reste, par une arme à feu quelconque, va toucher son but après avoir décrit une trajectoire relativement tendue. La pièce qui le tire, peut ainsi balayer plus ou moins complètement le terrain exposé à ses vues, à la condition, bien entendu, que ce terrain soit à peu près plan. Par contre, quand il s'agit de tirer en terrain accidenté, il y a avantage à se servir d'une pièce plus courte que le canon, lançant un projectile à trajectoire susceptible de franchir au départ les ressauts du sol, pour aller frapper le but situé derrière eux. C'est le propre de l'obusier[1].

1. Pour fixer les idées, on peut dire, par exemple, que pour atteindre un but placé à 6.000 mètres, c'est-à-dire à peu près à son extrême « portée utile », le projectile du 75 décrit une trajectoire affectant la forme d'une courbe à concavité supérieure, dont le sommet, placé entre 3 et 4.000 mètres de la bouche à feu, se trouve verticalement à 410 ou 420 mètres de l'horizontale joignant le canon au but. C'est ce qu'on exprime en disant que la trajectoire du 75 a une flèche de 410 à 420 mètres. Pour effectuer le même tir, à la même distance, le projectile de l'obusier décrit une trajectoire dont la concavité supérieure est placée à 3.000 mètres de

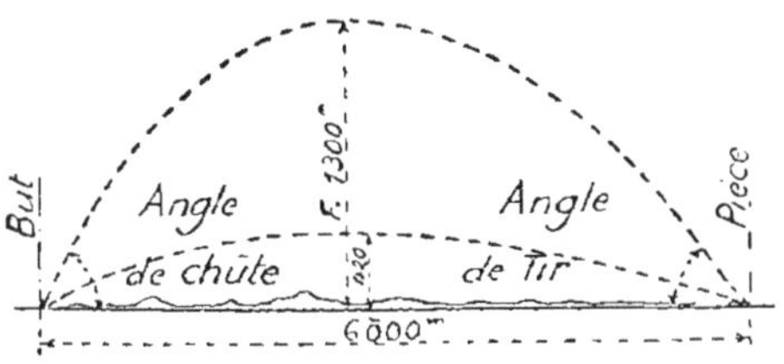

Du fait que la trajectoire du canon est beaucoup plus tendue que celle de l'obusier, dérive logiquement ce double résultat que le canon ne peut s'abriter que derrière une crête relativement basse et que, d'autre part, il est impuissant contre des objectifs « défilés » derrière une crête abrupte, ou abrités immédiatement derrière un obstacle, les maisons d'un village, par exemple.

La solution, *à priori*, du problème posé par ces difficultés d'ordre balistique, consiste évidemment à posséder deux espèces différentes de pièces, canons et obusiers, de façon à pouvoir employer les unes ou les autres, suivant les besoins [1]. C'est ce qui

la bouche à feu et dont la flèche est de 1.350 à 1.400 mètres. On peut donc franchir aisément un ressaut de terrain de 1.300 mètres.

L'angle que fait, au point de chute, la trajectoire avec le sol est beaucoup plus ouvert dans le cas de l'obusier que dans celui du canon. Par suite, celui-ci est beaucoup plus apte que celui-là à battre des buts de faible profondeur. Plus la trajectoire, en effet, est tendue, et plus la profondeur battue est grande. De même, l'angle de tir, c'est-à-dire l'angle que fait au départ la trajectoire avec le sol, est beaucoup plus ouvert dans le cas de l'obusier que dans celui du canon. Aussi le canon doit-il être abrité derrière une crête moins haute que ne peut l'être l'obusier, ce qui constitue souvent un désavantage pour lui, au point de vue du « défilement » des batteries. Le canon de campagne a un angle de tir qui ne dépasse guère 15 à 20 degrés : l'obusier, au contraire, fournit un tir courbe, ou « plongeant » dont l'angle dépasse aisément 40 degrés.

1. Toutes les fois qu'il est question de canons et d'obusiers, il ne faut pas perdre de vue ce principe que la trajectoire d'un projectile est, pratiquement, d'autant plus « rasante», d'autant plus « tendue » que la vitesse initiale de ce projectile est plus considérable. Par conséquent, il est *à priori* de toute évidence qu'en diminuant la vitesse initiale, on diminue la rasance, en d'autres termes, on détend la trajectoire, — on fait du tir courbe, du tir plongeant. — La vitesse initiale peut être aisément réduite en diminuant la charge de poudre contenue dans la gargousse, ce qui explique pour quelle raison on donne aux obusiers des gargousses à charges différentes, suivant la plus ou moins grande courbure du tir à effectuer : malheureusement à toute diminution de charge, correspond une diminution de portée... Aussi les obusiers ont-ils des calibres supérieurs à ceux des canons de campagne de puissance correspondante.

avait été fait chez nous en 1890 quand fut mis en service le 120 court, qui est, en somme, un obusier. Mais c'était une pièce lourde, peu maniable, à tir lent, qui fut rapidement remplacée par le 155 C T R (court, tir rapide) inventé par le commandant Rimailho.

Dans les armées étrangères, on agit de même : la Russie adopta un mortier de campagne, du calibre 150; l'Allemagne, un obusier léger de 105 (modèle 1898)[1]; l'Autriche, la Turquie, l'Angleterre, l'Espagne, des obusiers de divers types et de calibres voisins de 150 millimètres.

Quand, au commencement du mois d'août dernier, l'armée française a été mobilisée, elle ne possédait pas un seul obusier de campagne, malgré les réclamations des spécialistes et l'avis fortement motivé des tacticiens.

Un moment l'artillerie et l'État-major général avaient failli, sur ce point, avoir raison de la résistance de la Commission du budget; mais l'avis des « temporiseurs prévalut ». Vaut-il pas mieux, disaient-

1. L'obusier de 105 millimètres est une pièce à tir accéléré (4 coups à la minute) qui fut spécialement construite, dit le règlement de l'artillerie allemande, « pour atteindre par le tir courbe, l'infanterie abritée dans des tranchées, ou les servants d'artillerie dissimulés derrière des boucliers ». Adopté en 1898, il tire deux projectiles : un obus brisant de 15 kilog. 700 contenant 1850 grammes d'explosif et muni d'une fusée fusante (ou d'une fusée percutante; 2° un shrapnell de 12 kilog. 500, contenant 500 balles de plomb durci. Son angle de tir maximum est de 40 degrés, sa portée extrême de 6.000 mètres; mais comme sa fusée fusante n'est disposée que pour le tir à 5.400 mètres, il faut admettre que, dans la pratique, cette portée n'est pas dépassée. Gargousse et obus sont séparés, ce qui permet de graduer la charge de poudre, de façon à obtenir à volonté des vitesses initiales allant de 130 à 230 mètres. L'obusier léger de 105 pèse, avec son affût 1.200 kilogrammes; avec son avant-train, 2.200 kilogrammes.

ils, appliquer à un autre usage, plus utile... à nos intérêts politiques immédiats, ces huit dizaines de millions que les artilleurs nous réclament; il faudra du temps pour construire ce matériel nouveau, pour instruire les hommes qui le manœuvreront et le serviront, pour créer les munitions qui lui seront nécessaires, pour constituer les sections spéciales d'approvisionnement dont il aura besoin. Il serait, à tous égards, plus sage « d'approprier tout simplement notre admirable 75 au tir courbe ». Là-dessus, on a proposé des solutions diverses, dont la meilleure, du reste, ne valait pas grand chose.

En réduisant la charge, on « détend » la trajectoire : quoi de plus simple qu'avoir dans les caissons et dans les parcs une collection complète de gargousses à charges plus ou moins réduites, selon la courbe de la trajectoire à obtenir? — On objectera, très justement, qu'en adoptant cette solution, on se condamnait à compliquer les approvisionnements en munitions et à créer peut-être, au moment du combat, les plus fâcheuses confusions.

Quoi de plus simple alors qu'effectuer au moment même du tir une petite série de manipulations successives : retirer l'obus de la gargousse, en « dessertissant » celle-ci, enlever une quantité convenable de poudre, remettre l'obus en place, enfin sertir à nouveau la cartouche. On combina même un appareil ingénieux, le « dessertisseur de campagne », dont il a été beaucoup parlé dans la presse il y a de cela trois ou quatre ans; on fit même avec lui des essais au chronomètre; tout en exigeant la présence, à chaque pièce, d'un servant supplémentaire spécialement affecté à sa manœuvre, le dessertisseur n'apparut pas comme réalisant, à vrai dire, un progrès, puisqu'il réduisait, de 20 à 25 pour 100 au minimum, la rapidité du tir. — D'autre part, on objecta, très justement, qu'en enlevant de la poudre à une gargousse, on détruit ce que les artificiers appellent sa « densité de chargement » et on nuit à la régularité du tir : il n'est pas indispensable d'être un artilleur de génie pour s'en convaincre.

Un beau jour, un député arriva triomphant à la Commission du Budget et annonça à ses collègues qu'il avait découvert la solution pratique du problème de l'obusier, et que cette solution était, au point de vue de la simplicité, comparable à celle que Christophe Colomb découvrit, dit la légende, pour faire tenir un œuf debout sur sa pointe. Elle consistait, tout simplement, la pièce étant dans la position de mise en batterie, à creuser dans le sol un trou de profondeur convenable et à y loger l'affût, dont la bêche de crosse pourrait ainsi être enfoncée bien en dessous du plan horizontal sur lequel reposaient les roues. Dès lors, rien n'était plus facile que de donner à la volée de la pièce une inclinaison suffisante pour obtenir tel angle de tir qu'on voudrait, fût-ce un angle de 90 degrés, ce qui permettrait de réaliser au besoin un tir vertical, utile pour détruire les dirigeables et les aéroplanes ennemis. Les artilleurs eurent grande envie de sourire, mais ils se retinrent par respect pour la Souveraineté nationale. Ils objectèrent que l'idée n'était ni absolument neuve, ni absolument géniale, mais que les organes de freinage n'avaient pas été établis pour résister quand on leur demandait de travailler dans une position aussi anormale. D'autre part, comme la guerre ne se fait pas toujours en été, mais parfois pendant l'hiver c'est-à-dire à une saison où la terre est gelée, il n'était pas interdit de se demander s'il serait toujours facile, en campagne, de creuser, pour le logement de la crosse, un trou large et profond dans un sol durci par le froid.

On fit néanmoins quelques essais, on abîma quelques pièces, et on chercha autre chose.

LE CANON DEPORT. Cet « autre chose », le lieutenant-colonel Deport, qui, au sortir de l'armée, était entré au service d'une importante société industrielle, le découvrit en construisant un canon nouveau [1].

Il remplaça d'abord la flèche unique de l'affût par deux flasques distinctes, pouvant être écartées en forme d'Y au moment du tir, et dont chacune est terminée à sa partie inférieure par une bêche de crosse, facile à enfoncer dans le sol, à coups de masse. Il assura ainsi une stabilité extrême à la pièce et se donna la possibilité d'installer sur l'essieu un dispositif spécial de coulissement, rendant possibles tous les tirs fauchants effectués dans le même plan horizontal, sans avoir à craindre aucun dépointage [2].

1. Il faut remarquer que cet « autre chose » ne constituait pas, en réalité une véritable découverte. On a fait un canon de 75 de campagne pour exécuter du tir de plein fouet. Du jour où on a voulu tirer sur des objectifs aériens et tirer sous de très grands angles, il est bien évident qu'il fallait avoir un canon, ou tout au moins un autre affût, qui permît à la culasse du canon, et au canon lui-même, de descendre entre les flasques. D'autre part, il est nécessaire de réduire l'amplitude du recul pour que la culasse ne vienne pas heurter le sol dans les tirs effectués sous de grands angles.

2. On conçoit sans peine que la stabilité de la pièce est beaucoup

Cela fait, pour obtenir un large champ de tir vertical — en d'autres termes, pour permettre d'effectuer sans difficulté le tir courbe, — il eut à réduire le recul du canon, monté sur son berceau, recul qui est de $1^m,10$ à $1^m,30$ dans le 75, afin d'éviter que, la pièce étant braquée sous un grand angle de tir, sa culasse vînt heurter le sol. Il y parvint

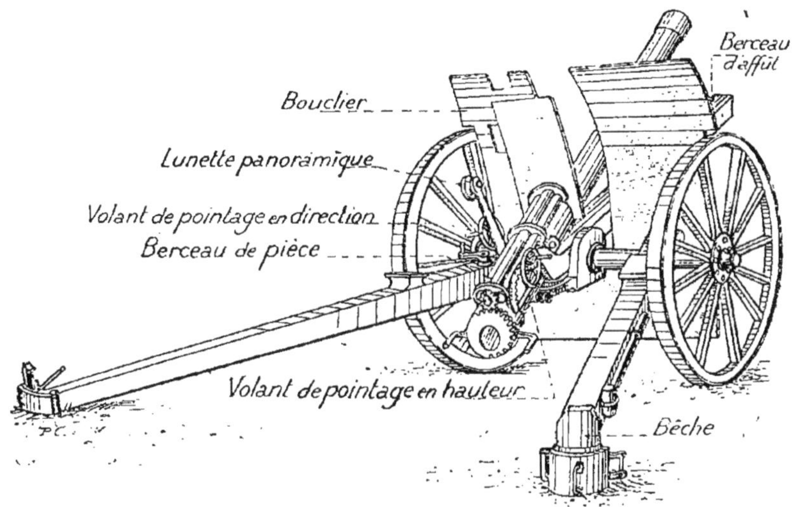

Le canon « Deport ».

par l'emploi d'un artifice fondé sur la décomposition du mouvement de recul en deux mouvements distincts, l'un horizontal, l'autre vertical[1]. Pour cela, il monta le berceau du canon sur une sorte de traîneau, articulé sur l'affût et disposé de telle sorte que, au moment du départ du coup, le recul

plus grande quand celle-ci a pour « base » tout l'espace compris entre les deux bêches de crosse ancrées dans le sol, et non plus seulement le point d'ancrage d'une bêche unique.

1. Cet artifice était, du reste employé depuis longtemps, notamment pour le canon de 155 court, sur affût-truc.

se produise à la fois en arrière, dans une direction horizontale et en même temps dans une direction oblique, d'une inclinaison variable. Deux freins, l'un horizontal, l'autre oblique, limitent ces deux mouvements, l'un à une course de 1 mètre environ, l'autre à une course de 35 à 37 centimètres seulement. Au départ du coup, le canon recule « en deux temps », avec le traîneau qui le porte, et précisément dans l'espace ménagé entre les deux flasques. Le recul terminé, des récupérateurs à ressort, qui sont annexés aux freins, ramènent le traîneau d'abord, le canon ensuite à leurs places initiales.

Il en résulte que, même avec une inclinaison de 70 degrés, le canon Deport peut être tiré sans crainte de talonnage. C'est ce qu'on exprime d'un mot, en disant qu'il possède « de grands champs de tir horizontaux et verticaux ». Par suite, il peut exécuter des tirs fauchants très étendus, des tirs aériens et des tirs plongeants, tout en gardant, comme le 75, la faculté d'effectuer des tirs progressifs très rapides. Dans l'état actuel de la science balistique, ce canon très perfectionné peut être tenu comme résumant en soi le maximum d'avantages et réalisant le maximum de progrès mécaniques.

En 1910, le canon Deport subit, au polygone, des essais tout à fait concluants, à la suite desquels le gouvernement italien décida d'en comparer une batterie à une batterie de canons Krupp. Le programme de l'expérience demandée par lui était sévère : il comportait un service ininterrompu de cinq mois en terrains variés, un parcours total de 1200 kilomètres, dont la moitié en montagne, et plusieurs séances de tir. Au cours d'une de ces séances, il devait être brûlé au minimum 350 gargousses à la suite les unes des autres.

Les ingénieurs allemands commencèrent aussitôt, dans les milieux militaires de Rome, une campagne de dénigrement systématique, accusant la pièce de leur concurrent de ne pas être suffisamment *kriegsmässig* (propre au service de guerre) pour pouvoir satisfaire aux exigences légitimes de l'armée. Le colonel Deport se garda bien de répondre, mais il fit mieux : l'un de ses canons fut victime d'un accident ... imprévu, dont le résultat fut tout à son honneur. Un beau jour, pendant une manœuvre en montagne, une pièce recula de façon maladroite : pour sauver l'attelage et les conducteurs, il fallut détacher précipitamment l'avant-train et laisser la pièce avec son affût rouler dans un précipice d'une hauteur de 68 mètres. Quand on alla la retirer, une roue et une flasque étaient brisées, mais ni le canon, ni son berceau, ni le traîneau, ni les freins, ni l'essieu n'avaient souffert. Il suffit de 44 minutes pour changer sur place les parties rompues, en utilisant le rechange normal du chariot de batterie, et l'arme se trouva en état de tirer.

L'ingénieur qui l'accompagnait proposa, mais en vain, de soumettre un Krupp à la même épreuve, pour s'assurer s'il était aussi *kriegsmässig* et aussi résistant aux chutes. Toutefois, il obtint de faire immédiatement une séance de tir continu et la batterie Deport, comprenant la pièce « accidentée », tira 512 coups par pièce, sans que les experts puissent constater la moindre avarie. La batterie Krupp, au contraire, eut des incidents irrémédiables dès son 341e coup.

L'Italie adopta aussitôt la pièce Deport, et à l'heure actuelle, elle venait de commencer à la mettre en service quand elle est entrée en campagne [1].

Cette pièce a les caractéristiques suivantes :

Poids du projectile................	6 kg. 500
Poids de la charge d'explosif.......	0 kg. 500
Vitesse initiale....................	500 m.
Poids de la voiture-pièce..........	1600 kg.
Poids de l'affût pièce en batterie...	1040 kg.
Nombre de coups tirés à la minute.	19

Elle est donc plus légère que notre 75, mais son projectile est sensiblement moins lourd (6 kilogs 500 au lieu de 7 kilogs 250) et sa vitesse initiale moins considérable (510 m. au lieu de 529 m.). Aux dires de tous les hommes compétents, elle ne vaut pas notre 75 au point de vue de l'effet utile produit « en tant que canon long de campagne » et ne lui est supérieure qu'en tant que canon de cavalerie et surtout qu'en tant qu'obusier léger.

Malgré cela, on a beaucoup crié dans la presse française quand, après bien des tergiversations,

1. Le ministère de la Guerre italien a acheté une licence du canon Deport, et a fait commencer, en Italie même, la construction de 119 batteries de la nouvelle pièce. Depuis dix mois elle a « poussé » la production de ses usines, de telle sorte que, les troupes mises en ligne dans la guerre actuelle, ont au moins à leur disposition, pour 1.000 fusils, 5,1 canons de campagne approvisionnés à... beaucoup plus de 1.350 coups, proportion reconnue comme répondant à peu près aux desiderata de la tactique actuelle.

Il est à remarquer que la manœuvre de la pièce Deport est si simple qu'elle peut être apprise en quelques séances d'instruction. D'autre part, le corps d'officiers de l'artillerie italienne connaît, par une pratique suffisante. les règles de tir de la nouvelle pièce.

notre Comité d'artillerie a définitivement refusé d'adopter le canon Deport et a rendu à son inventeur toute sa liberté d'action, en lui permettant de faire des offres à « telles armées étrangères qu'il lui conviendrait ». Les reproches qui furent alors formulés contre l'État-major ou le Ministère de la Guerre et qui l'étaient encore, de temps en temps, au début de l'année dernière, ne sont pas aussi complètement fondés que l'on serait porté à le croire au premier abord. Il est bien certain que nous aurions eu grand avantage à posséder, dès les premières rencontres, une pièce à tir rapide qui fût à la fois un canon de campagne et un obusier. Mais il aurait fallu, pour cela, décider au préalable le Parlement, et surtout la Commission du budget, à voter les crédits nécessaires...

Quoi qu'il en soit, *on* (le fameux *on* irresponsable et mystérieux qui a tant fait parler de lui depuis quarante années et plus), *on* estima que la réfection de notre matériel d'artillerie était une mesure qui n'avait rien d'indispensable ni d'urgent[1]. Elle ne fut même pas proposée à la Chambre. Semblable mesure aurait, d'ailleurs, coûté 200 millions, y compris la constitution d'un approvisionnement de 1.400 coups par pièce, et cette somme, 200 mil-

1. Il est bien permis de faire remarquer que, si la France avait adopté les premières propositions du lieutenant-colonel Deport, notre armée aurait eu un matériel d'artillerie complet neuf de tout premier ordre, dès l'année 1913. Il en eût coûté 200 millions, somme énorme, il est vrai, mais somme aû moins vingt fois inférieure à ce que nous a déjà coûté l'occupation et la dévastation de neuf départements français. Sans compter, que, en admettant la réfection intégrale de notre matériel d'artillerie, toutes les batteries de 75 et leur approvisionnemént en munitions auraient été conservés dans les arsenaux d'où ils auraient pu sortir en temps opportun pour jouer dans les batailles un rôle probablement décisif.

lions, est de celles qu'il valait évidemment mieux appliquer à des réformes sociales qu'à des armements nouveaux[1].

LE DISPOSITIF MALANDRIN. On admit, par contre, que tout serait pour le mieux dans le meilleur des mondes, si l'on se contentait de transformer le canon de 75 en le posant sur un nouvel affût muni des perfectionnements imaginés par le lieutenant-colonel Deport. On aurait ainsi une artillerie d'un modèle « rajeuni » et, pour ce motif, excellent. Tout naturellement, la transformation ne s'appliquerait qu'aux 3.000 pièces des formations actives, et il en coûterait seulement 10.000 francs par pièce, soit trente millions[2] !

Mais cette décision, une fois prise, ne fut pas exécutée et, à la fin de 1913, on changea d'avis une fois encore, pour se résoudre à acheter des obusiers de campagne. C'était une dépense de 80 millions qui devenait nécessaire.

1. L'approvisionnement à 13 ou 1.400 coups par pièce de campagne a toujours été tenu suffisant, non seulement chez nous, mais encore dans toutes les armées étrangères. La guerre a fourni sur ce point des données nouvelles qui permettront au Commandement de savoir si l'approvisionnement correspondait bien aux nécessités imposées par l'effroyable consommation de projectiles quand cette bataille se prolonge pendant plusieurs jours consécutifs. Il n'y a pas d'indiscrétion à dire qu'à l'heure actuelle nos pièces de campagne sont approvisionnées à un nombre de coups *très supérieur à 1.400*.

2. A titre d'indication, il n'est peut-être pas sans intérêt de donner ici les prix de revient exacts du canon de 75 et des voitures qui en accompagnent les batteries. Ces prix ne diffèrent pas beaucoup de ceux qui se réfèrent au canon Deport.

Prix de la voiture-pièce vide...............	15.000 fr.
— de la voiture-caisson vide.............	5.500
— du chariot de batterie..................	6.500
— de la forge de batterie.................	3.600
— de la fourragère de batterie...........	2.300

Cependant, un officier d'artillerie, le capitaine Malandrin, proposa, à titre tout à fait transitoire et en attendant mieux, un artifice très simple, consistant à fixer sur l'obus une « plaquette », une sorte de « bobèche » créant une résistance à sa progression dans l'air, ralentissant peu à peu sa vitesse et « ramassant » pour ainsi dire sa trajectoire sur elle-même, en fin de course. Il ne s'agissait, dans son esprit, que d'une véritable modification de fortune, faisant arriver l'obus au but avec un angle de chute plus ouvert que son angle de chute normal. On déclara son système génial, puisqu'il était économique[1] et on considéra que, désormais, le grave problème du canon à tir courbe était résolu[2].

De là à manifester pour le capitaine Malandrin un enthousiasme débordant et, d'ailleurs, parfaitement légitime, il n'y eut qu'un pas. Dans les couloirs de la Chambre, on parla de récompense nationale, d'une dotation spéciale à accorder à l'officier dont l'ingéniosité dispensait le pays de dépenser un nombre considérable de millions... Bref, après avoir énormément parlé, on oublia d'agir, et le capitaine

1. Il en devait coûter 500.000 francs seulement pour adapter aux obus en stock la bobèche Malandrin, tandis qu'il en eût coûté 80 millions pour avoir de véritables obusiers de campagne, et 30 millions pour avoir des canons de 75 « améliorés ».

2. En réalité, la plaquette Malandrin augmente l'action de la résistance de l'air sur le projectile. Il s'ensuit que la trajectoire est beaucoup moins tendue et que, pour un même angle de tir, la portée est moindre avec la plaquette que sans elle. Donc, pour atteindre un objectif situé, par exemple, à 3.000 mètres, il faudra tirer sous un angle de tir plus grand si le projectile est muni d'une plaquette. Par suite, son emploi permet bien de mettre en batterie derrière des couverts de plus forte dimension. Mais cela ne suffit pas pour qu'on puisse la considérer comme apportant au problème une solution « adéquate » et, par conséquent, définitive.

Malandrin fut simplement promu au grade de chef d'escadron.

LES OBUSIERS LÉGERS DE CAMPAGNE. A la veille du jour où la guerre éclata, les Allemands possédaient *réellement* pour chacun des corps qu'ils se proposaient de mettre en campagne, 36 obusiers légers de 105, en plus de leurs 108 pièces de 77 et de leurs 16 obusiers lourds de 150. Nous n'avions, nous, pas un seul obusier léger et seulement de 2 à 4 canons lourds du type 155 C T R, pour appuyer et compléter en quelque sorte, dans chacun de nos corps d'armée, nos 120 pièces de 75.

La disproportion était fâcheuse pour nous.

Mais, à l'heure actuelle, grâce à des prodiges d'activité réalisés dans nos usines privées, notre artillerie est mieux dotée en pièces à tir courbe que ne l'est l'armée allemande.

Dès le jour de la mobilisation, en effet, le Ministère de la Guerre a donné les ordres qu'il fallait donner, et fait des commandes qui s'imposaient avec urgence. On comprendra, sans qu'il faille insister, qu'il ne saurait convenir de donner ici trop de précisions : tout ce qui sera dit dans cette étude, au sujet des obusiers de campagne actuellement en service, est fort bien connu des États-majors ennemis et ce qui ne l'est probablement pas encore ne sera pas dit ici. Aussi bien, si quelque spécialiste fait à l'auteur de ces lignes l'honneur de lire cette étude de pure vulgarisation, il comprendra à quelles raisons de haute convenance il a été nécessaire d'obéir en laissant, çà et là, quelques précisions techniques dans l'ombre, ou en ne disant pas toujours *toute* la vérité. Il ne faut pas priver les Allemands de constater que nous sommes *maintenant* beaucoup mieux outillés que nous ne l'étions aux premiers jours d'août dernier... et qu'ils ne le supposent.

Mais dire ce qui peut être dit, est fait à coup sûr pour donner confiance aux Français, et ce n'est pas un résultat qu'il faille estimer négligeable.

Donc, il est permis de constater que la France a eu la bonne fortune d'acheter à certaines nations et à certaines usines étrangères du matériel d'artillerie dont la mise en service a singulièrement accru notre force militaire. D'autre part, certains pays, demeurés neutres dans le conflit actuel, nous ont cédé leurs droits sur des commandes en cours d'exécution dans des usines françaises. Enfin, le Gouvernement a trouvé, en nos industriels, des auxiliaires dévoués et disposés à tous les efforts pour le mettre en mesure de repousser l'envahisseur. Tandis que les uns acceptaient de fabriquer des affûts, des pièces de rechange, des roues, des caissons, des voitures, des forges, les autres tournaient des obus, produisaient des fusées, les autres enfin, forgeaient des canons. Il faut souhaiter que, pour la gloire de notre industrie nationale dont l'extraordinaire vitalité s'est affirmée d'une façon vraiment imprévue, on écrive, après la paix, l'histoire de tout ce qui a été fait pour adapter ainsi, du jour au lendemain, tous nos établissements métallurgiques, les plus puissants comme les plus modestes, à l'œuvre de la Défense nationale.

A l'heure présente, les obusiers que nous avons en service dans chacun de nos corps d'armée appartiennent à trois modèles qui ne présentent guère entre eux que des différences de calibre (105, 120 et 150 millimètres) et, par conséquent, de poids, de portée et de puissance

Leurs caractéristiques sont les suivantes :

Calibre en (millimètres)	105	120	150
Longueur (en centimètres)	147	156	180
Vitesse initiale à la bouche (en mètres)	300	330	300
Portée maxima (en mètres)	6400	6700	7800
Poids du projectile (en kilogr.)	16	21	40
Poids de la charge de l'obus (en kilogr.)	3,14	4,76	8,5
Nombre de balles de 15 gr. contenues dans le shrapnell	370	628	869
Angle de pointage possible (en degrés)	3	à 43	
Nombre de coups tirés par minute	12	8	6
Poids de la pièce en batterie (en kilogr.)	1160	1385	2285
Poids de la voiture-pièce (en kilogr.)	1950	2115	2575
Poids de la voiture-caisson (en kilogr.)	1898	1920	2255
Nombre de coups transportés par une batterie de 4 pièces et 12 caissons	672	488	288

D'après ce qui en a été publié, sur les indications mêmes de leurs constructeurs, la bouche à feu, qui est en acier forgé, trempé et recuit, est formée d'un tube relié à deux manchons, l'un en avant, l'autre en arrière; elle est agrafée à un traîneau muni de patins et de glissières qui lui permettent de cheminer sur un berceau fixe. Le frein, du type hydropneumatique, est logé dans l'intérieur du traîneau, ainsi que le récupérateur à air comprimé qui a pour but de ramener en batterie le canon proprement dit, dont le recul a été progressivement retardé par le frein; au moment du départ du coup, un dispositif spécial assure le fonctionnement parfait, sous tous les angles de tir, des appareils de freinage et de remise en place. L'affût, construit en tôle d'acier emboutie, comporte une bêche de crosse en trois parties, qui une fois fichée dans le sol, forme un point d'appui solide sur lequel porte l'effet du recul et qui ne permet aucun dépointage.

L'obusier de 105 est une pièce du poids de notre

Obusier de 120 en position de tir.

75 et tout aussi maniable que lui ; l'obusier de 120 est plus lourd de 200 kilogrammes seulement : c'est dire que sa maniabilité n'est pas notablement inférieure et qu'il n'exige pas autre chose que l'attelage habituel de notre artillerie de campagne. Son projectile de 21 kilogs et celui de 16 kilogs que tire l'obusier de 105, ont des effets destructifs extraordinaires. Chargés du même explosif et munis de la même fusée perfectionnée que l'obus de 75, ces projectiles ont une action terriblement dévastatrice, bien supérieure à celle des projectiles de 105 de l'artillerie allemande, parce qu'ils éclatent avec infiniment

plus de précision et surtout « parce qu'ils éclatent toujours ».

Quant à l'obusier de campagne de 150, il possède — amplifiées bien entendu — les mêmes qualités

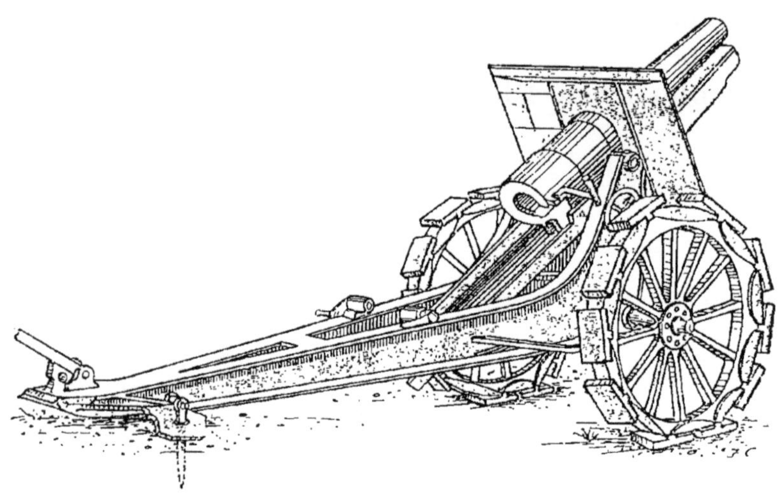

Obusier de campagne de 150.

que le 105 et le 120; mais il est notablement plus lourd. Cependant, grâce à une judicieuse répartition des charges sur les essieux de la voiture-pièce et de l'avant-train[1], il est très maniable, très mobile et garde au plus haut point les qualités typiques d'une pièce de campagne, qui doit et peut passer partout aux grandes allures.

1. Dans la position de route, l'ensemble constitué par la bouche à feu et son traîneau est ramené en arrière, vers la flèche; il est maintenu solidement par le levier de pointage. De cette façon, le poids de la pièce, au lieu de porter tout entier sur le seul essieu de la voiture-pièce, est supporté à la fois par celui-ci et par l'essieu de l'avant-train. Il en résulte que l'obusier ainsi arrimé possède une mobilité de tous points satisfaisante.

LES PIÈCES DE TRANCHÉES. La guerre de tranchées, telle que nos troupes la font, en ce moment, a nécessité la mise en service d'un matériel d'artillerie tout différent des obusiers à longue portée qui viennent d'être sommairement décrits. Il a fallu, en effet, s'ingénier à trouver des armes[1] permettant de détruire les fortifications passagères de l'ennemi et de bouleverser les retranchements derrière lesquels il s'abrite.

Dans ce but, les antiques mortiers de siège sont sortis des arsenaux où on les conservait sans penser, d'ailleurs, qu'un jour pourrait venir où ils serviraient à quelque chose. Ce sont des pièces qui tirent leur nom de leur ressemblance avec l'instrument de laboratoire que tout le monde connaît. Elles lancent, sous des angles très élevés, des projectiles explosifs, des bombes. A l'heure actuelle, d'une extrémité à l'autre du front, les « crapouillots » envoient sur les tranchées ennemies des masses d'explosifs qui, tombant de haut, font d'énormes ravages dans un rayon relativement assez considérable autour de leur point de chute. On distingue les plus faibles d'entre eux, d'après le diamètre de leur projectile, en mortiers de 15, 22, 27, 32.

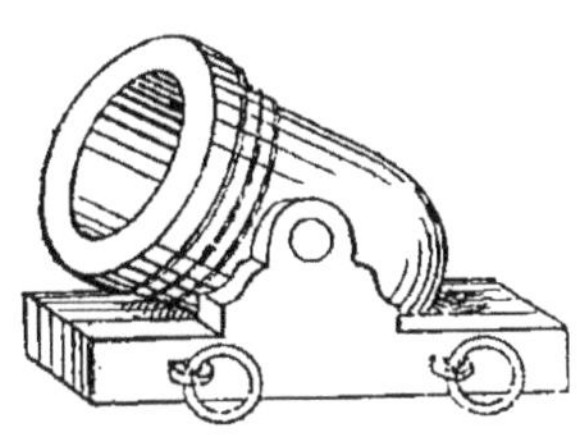

Crapouillot.

1. Il n'est pas sans intérêt de signaler d'un mot qu'à côté des pièces très variées qui constituent à proprement parler notre « artillerie de tranchées », nous avons en service des armes diverses qui, par des moyens quelconques, lancent sur les retranchements où se terre l'ennemi, des bombes, des grenades ou des mines : ce sont, par exemple, des balistes, des « sauterelles », des arbalètes; en un mot les armes de jet les plus imprévues..... et souvent les plus efficaces.

D'une façon générale, les mortiers lisses sont des bouches à feu destinées au tir vertical. Ils sont portés par des affûts à glissement qui permettent de tirer à partir de 9° au-dessus de l'horizon.

Pour le tir, les mortiers de 27 et de 32 sont placés sur le même modèle de plate-forme. Le 22 a une plate-forme analogue, mais d'un modèle spécial. Le mortier de 15 tire sans plate-forme, l'affût reposant simplement sur le sol par sa semelle ; il peut être, avec son affût, porté à bras par deux hommes, à l'aide de leviers portereaux ou de bretelles.

Le mortier de 15 pèse environ 70 kilogs, et son affût[1] 80 kilogs ; le mortier de 22 pèse environ 300 kilogs et son affût[2] 500 kilogs ; le mortier de 27 pèse environ 900 kilogs et son affût 1.400 kilogs ; le mortier de 32 pèse environ 1.300 kilogs et son affût 1.500 kilogs.

Les mortiers de côte de 32 centimètres, à chambre tronconique ou à chambre sphérique, pèsent 2.200 et 4.750 kilogs ; ce sont les anciennes pièces de rempart qui armaient les ouvrages fixes des places fortes et surtout ceux des côtes et des ports. Leurs projectiles, chargés aujourd'hui de 12 à

1. L'affût du mortier de 15 est composé d'une semelle en bois sous laquelle sont fixés : deux *crapaudines* en fonte, supportant les tourillons ; quatre *anneaux de manœuvre*, servant à recevoir les leviers portereaux au moyen desquels on déplace la pièce ; un ***support de pointage*** composé de deux plaques, l'une fixe, l'autre mobile, assemblées à charnière et réunies par un arc portant des trous ; une chevillette, engagée dans ces trous, fixe la plaque mobile à l'inclinaison voulue.

2. Les affûts des mortiers de 22, 27 et 32 se composent de deux *flasques* en fonte portant les *entailles* de tête et de queue, qui servent à embarrer pour déplacer latéralement le mortier, et les ***tenons de manœuvre*** qui servent à faire avancer ou reculer le mortier sur la plate-forme ; les flasques sont entretoisées : l'entretoise d'avant porte le ***coussinet de pointage***, qui supporte lui-même le ***coin de mire***.

15 kilogs de mélinite ou de crésylite-mélinite, brisent et enfoncent sans difficulté des voûtes de maçonnerie compacte épaisses de 12 à 18 centimètres. Il n'est pas de tranchées bétonnées, pas de revêtements en terre tassée et damée qui leur résistent.

Mais quelle que soit la puissance destructive des bombes explosives que lancent les vieux mortiers remis en service, celles-ci n'atteignent pas toujours leur but. Le « crapouillot » est, en effet, une arme d'une justesse médiocre.

Fort heureusement, nous avons à notre service, d'autres mortiers construits tout spécialement en vue du but auquel ils sont destinés ; ceux-ci sont des armes de précision parfaite, dont le pointage peut être fait sans possibilité d'erreur, en mettant en œuvre, pour le calcul exact de leurs angles de tir et de leurs trajectoires, une méthode extrêmement rigoureuse qui ne laisse aucune place aux erreurs possibles.

Il ne convient pas de donner ici des précisions sur la construction, le modèle et les caractéristiques de ces pièces « absolument nouvelles » : tout ce qui peut en être dit sans inconvénient, c'est que tout récemment, dans l'Argonne, un « lance-mines » a envoyé à 1.400 mètres un projectile chargé de 90 kilogs de mélinite qui est tombé d'une hauteur de 1.000 mètres, exactement dans une tranchée ennemie au point précis où avaient été installées quatre mitrailleuses qui nous faisaient beaucoup de mal. Huit minutes plus tard, le lance-mines avait changé de place et, à 500 mètres de son emplacement primitif, était remis en batterie pour recommencer sa besogne meurtrière. Cet exemple suffit pour donner une idée nette de la puissance de ces pièces, de l'extrême précision de leur tir et de leur

Lance-mines.

remarquable mobilité. Il est vrai que nous en possédons seulement quelques exemplaires, mais nous en aurons bientôt un nombre considérable, puisqu'il est possible d'en fabriquer aisément « deux en onze jours »... Les fameux minen-werfer, dont les Allemands étaient si fiers au début de la guerre de taupes qu'ils nous contraignent à faire, sont donc, *désormais*, grandement distancés.

LES CANONS DE PLACE. Cette guerre « stagnante » nous a permis de remettre en service dans les ouvrages que, de distance en distance, nous avons édifiés pour protéger les divers secteurs du front, un certain nombre de pièces qui armaient les retranchements de nos places fortes.

C'est le cas, notamment du canon de 138 (système de Reffye) qui est surtout destiné au tir de plein

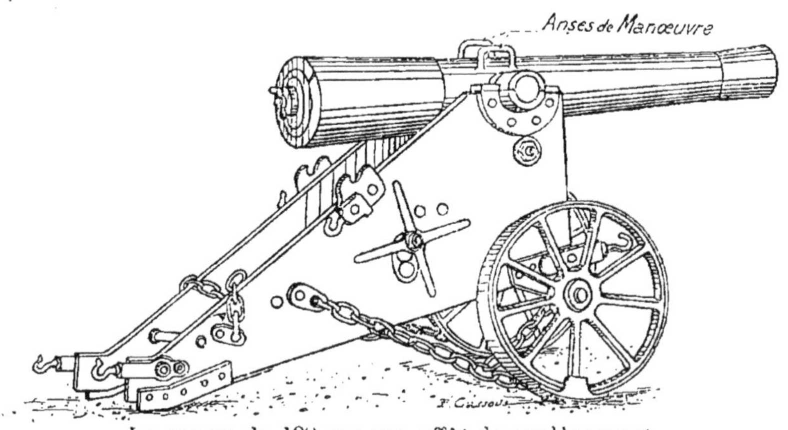

Le canon de 138 sur son affût de soulèvement.

fouet et, accessoirement, au tir plongeant à charges réduites. Il se monte sur un affût à soulèvement, posé pour le tir sur une plate-forme de siège. Il pèse environ 1.900 kilogs et son affût près de deux tonnes.

La pièce est en bronze; elle est munie de deux anses de manœuvre et présente à l'extérieur deux gorges servant au brêlage. Le diamètre de l'âme entre les cloisons, c'est-à-dire entre les rebords des rayures, est de 138 millimètres. Le mécanisme de culasse ne diffère que par quelques détails, sauf en ce qui concerne l'obturation, du canon de 95 de Reffye. L'affût est métallique et comporte un appareil de soulèvement permettant de faire reposer la crosse sur un galet quand on fait exécuter à l'affût de petits déplacements sur sa plate-forme. L'appareil de pointage est semblable à celui de l'affût de campagne de 95.

La pièce « de 12 culasse » est destinée surtout au flanquement des fossés de fortifications. C'est une pièce en bronze, munie d'une culasse de 95 et d'une ligne de visée médiane. L'âme est creusée de six

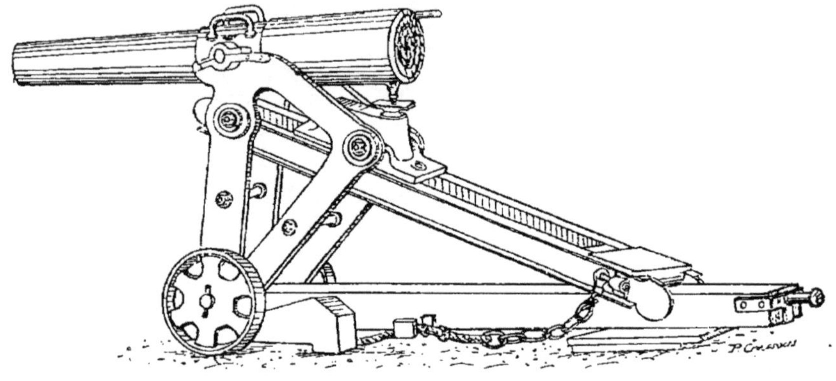

Le 12 culasse.

larges rayures. Le « 12 culasse » est placé pour le tir, soit sur un affût de 4 de casemate approprié, soit sur un affût de 5 et de 7 de casemate approprié. Ces affûts sont montés l'un et l'autre, sur un lisoir directeur d'un modèle unique, incliné de manière à ramener la pièce elle-même en batterie. Une brague ferrée rattache l'affût au lisoir et limite le recul. Le tout repose sur une plate-forme en bois ou en béton; mais on peut voir en certains points, le 12 culasse monté sur l'affût de campagne de 7, en bois, lequel a été muni pour cet usage d'un dispositif extrêmement ingénieux qui limite le recul dans des proportions considérables.

En dehors des mitrailleuses qui tirent la cartouche d'infanterie, et dont un nombre que les Allemands ne soupçonnent même pas est actuellement en ser-

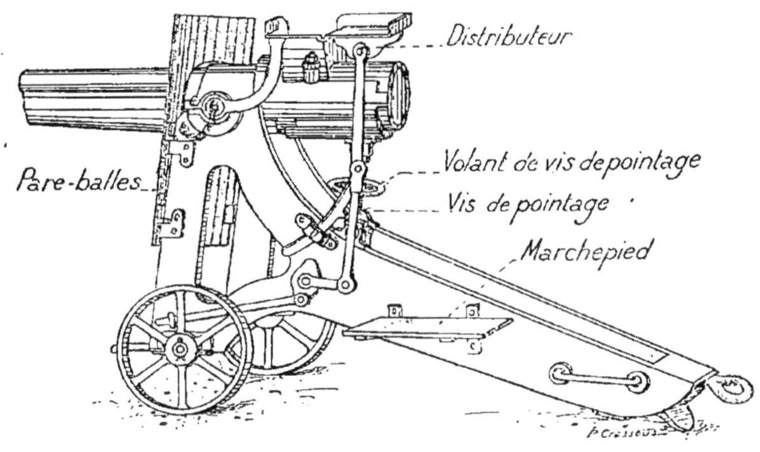

Canon-revolver.

vice, ou le sera bientôt, l'armement des tranchées du front est complété par des canons-revolver.

Ceux-ci sont constitués par un faisceau de cinq tubes portant des rayures différentes, et qui tournent autour d'un arbre central, au moyen d'un mécanisme logé dans un manchon-enveloppe spécial qui peut tirer de 5° au-dessous de l'horizon à 8° au-dessus. Le canon-revolver pèse environ 500 kilogs, et son affût 600 kilogs.

Pour les déplacements limités, l'affût est relié à un diable à roulettes spécial, ou, à défaut, à un avant-train de campagne. Pous les déplacements à grande distance, la pièce et son affût sont séparés et transportés isolément sur des chariots.

Les cartouches, ayant été versées dans le distributeur que porte l'affût, sont amenées en place par un mécanisme que commande la manivelle de manœuvre; aussitôt que le percuteur, en tombant, en a déterminé la mise de feu, un extracteur saisit et entraîne le culot vide en même temps qu'il provoque l'arrivée d'une cartouche nouvelle. Le tir est ainsi rendu très rapide.

L'affût est complété par un pare-balles, formé d'une plaque d'acier et percé d'un trou qui permet le pointage de la pièce : ce trou peut, d'ailleurs, être fermé par un écran.

Le canon de 155, construit par de Bange, est en

Le canon de 155 long.

acier, rayé à droite. Il pèse 2.530 kilogs et tire un obus pesant 40 kilogs dont la vitesse initiale est de 464 mètres et la portée exacte, de 9.100 mètres. Sa longueur totale est de 4^{m},200. Le corps en est formé d'un tube en acier fondu, martelé et trempé à l'huile, renforcé à sa partie postérieure par deux rangs de frettes en acier puddlé. La culasse comporte un mécanisme de fermeture analogue à celui du canon de 90. Il est muni d'un frein hydraulique (modèle 1883) qui limite considérablement son recul.

Ce frein se compose d'un cylindre dans lequel se déplace un piston guidé par une tige directement reliée à l'affût, tandis que le corps de frein est attaché à un pivot en acier fixé sur la plate-forme qui supporte la pièce. On verse dans le cylindre, entre le piston et l'affût un mélange d'eau (40 parties) et de glycérine (60 parties). Quand le coup part, l'affût recule, en entraînant la tige du frein et le piston qui la termine ; au fur et à mesure que le piston recule, il comprime le mélange d'eau et de glycérine dont la résistance augmente progressivement et ne tarde à faire complètement obstacle au recul de la pièce. Une fois ce recul limité, le mélange d'eau et de glycérine tend à reprendre son volume primitif et agit en sens inverse sur le piston qui, à son tour, agit par l'intermédiaire de la tige, sur l'affût, qu'il ramène à sa position primitive.

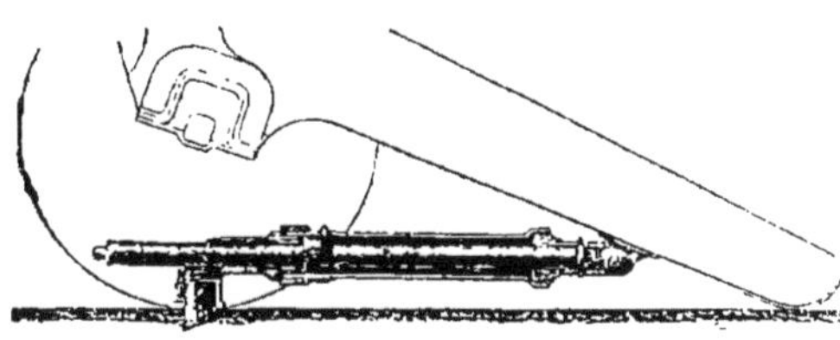
Frein du canon de 155.

L'affût, entièrement métallique, permet d'utiliser

la pièce soit comme canon de siège, ce qui est sa destination première, soit comme canon de place, soit,à la rigueur, comme canon lourd de campagne : il est alors attelé à un avant-train tracteur, et ses roues sont ceinturées.

En dehors du 155 long, nous possédons, comme pièces anciennes d'artillerie de place dont la guerre actuelle a provoqué la remise en service, divers modèles de bouches à feu, de valeurs inégales, mais qui, tous, ont été et sont tous les jours utiles, en certains points du front.

L'obusier de 155 qui ne mesure que 2^{m}. 40 de lon-

Obusier de 155.

gueur et pèse 1.025 kilogs, tire les mêmes projectiles que le 155 long : c'est une pièce peu mobile, exigeant une plate-forme solide pour être mise en batterie, mais qui a de grandes qualités pratiques..... celle entre autres d'exister en nombre important dans nos arsenaux et de nous donner, par suite, la possibilité d'envoyer des quantités considérables d'obus de 40 kilogs dont chacun est chargé de 1.500 grammes de mélinite.

Le canon de 120 long est en acier, rayé à droite,

Canon de 120 long.

pesant 1.200 kilogs et lançant à 8.650 mètres un projectile de 18 kilogs (850 grammes de mélinite), animé d'une vitesse initiale de 480 mètres. Il comporte, comme le 155 long, un frein hydraulique. Monté sur affût à roues élastiques et attelé d'un avant-train tracteur, il joue couramment le rôle d'une pièce demi-lourde de campagne.

Le mortier de 220, construit en 1880 sur les plans de Bange, pèse 2.130 kilogs et lance à 5.500 mètres un obus pesant 98 kilogs et chargé de 7 kilogs de mélinite. Son affût permet de tirer sous des angles variant de 0 à 60 degrés. En raison du poids du projectile, un dispositif spécial a été installé pour le chargement : la figure ci-contre représente la

Mortier de siège de 220.

pièce au moment où l'obus vient d'être introduit dans la culasse ouverte.

Enfin, certaines pièces de côte et de marine, montées sur des trucs ou sur des affûts appropriés, jouent un rôle dans la guerre actuelle. Le canon de Bange de 240, par exemple, qui pèse 14.000 kilogs, lance un obus de 152 kilogs, qui a pu, en plusieurs circonstances, bouleverser les retranchements ennemis. L'affût comporte un frein hydraulique ; une potence de chargement, établie à l'arrière, amène le projectile en face de la culasse ouverte.

Pour être complet, il faudrait signaler encore, parmi les pièces qui arment les tranchées du front, un certain nombre de canons nouveaux ou de canons remis en service après avoir reçus des améliorations diverses qui font d'eux des armes de tout premier ordre. Mais, comme il n'est pas bien sûr que les Allemands les connaissent dans tous leurs détails *actuels*, la prudence la plus élémentaire commande de garder le silence en ce qui les concerne.

Canon de côte de 240.

Il suffira de signaler que nos troupes d'infanterie ont parfois utilisé les petits canons de divers types, dont les sauveteurs de la marine se servent pour lancer une amarre à bord des bateaux en perdition. Ces canons d'un genre tout spécial, dont il existe des types d'une extrême ingéniosité, ont trouvé, dans la guerre actuelle, une utilisation imprévue : ils sont employés à lancer des grappins munis d'un filin grâce auxquels il est souvent possible d'arracher sans pertes d'hommes les réseaux de fil de fer barbelé qui défendent l'approche des tranchées allemandes contre l'élan de nos colonnes d'assaut.

LES OBUSIERS LOURDS DE CAMPAGNE. En dépit de la mobilité de nos nouveaux « lanceurs de mines », et malgré l'habileté avec laquelle nos officiers d'artillerie ont combiné des dispositifs variés permettant de déplacer rapidement les mortiers, aucune de ces pièces de tranchées n'est susceptible de suivre une armée dans ses évolutions.

Le Grand État-major allemand s'était préoccupé depuis longtemps de faire construire un matériel à tir courbe, suffisamment maniable pour être mis en batterie partout où il serait nécessaire qu'il le fût et lui permettant, par suite, de détruire, sans perdre de temps à un siège, les fortifications permanentes établies de façon à commander les routes d'invasion. C'est ce matériel spécial[1] qui a réduit au silence les forts de Liège, de Maubeuge et d'Anvers.

Chez nous, la question des obusiers lourds avait également préoccupé l'opinion, dans les milieux militaires aussi bien que dans le grand public, et des essais avaient été effectués, dans le courant de l'année 1913, avec des pièces de 105 et de 150 construites par une grande usine française. Des pièces de ces deux types avaient, d'ailleurs, donné les résultats les plus décisifs au cours de la guerre

1. Il est à remarquer que les obusiers lourds allemands ont presque constamment collaboré avec les pièces similaires et les pièces plus puissantes que l'armée autrichienne a prêtées à celle de Guillaume II. Ce fut le cas notamment, à Maubeuge et à Anvers.

balkanique. L'opinion des commissions d'expériences s'était montrée nettement favorable à leur adoption par notre armée et à leur mise immédiate en service...

Cette étude n'est pas un réquisitoire, mais un exposé impartial de faits entièrement démontrés, sur lesquels il est impossible que toute la lumière ne soit pas faite un jour. Cependant, il nous sera bien permis de constater que — en matière d'obusiers lourds comme en bien d'autres matières, hélas! — rien n'était prêt à la fin de juillet dernier, et qu'il a fallu tout improviser au lendemain du jour où la guerre a éclaté. Fort heureusement, la France s'est tirée à son honneur de cette redoutable improvisation.

Quelques précisions techniques et quelques chiffres sont utiles pour montrer jusqu'à l'évidence combien il était nécessaire de doter nos armées d'une artillerie à tir courbe, à la fois puissante et mobile conçue dans le même esprit d'offensive foudroyante que l'artillerie similaire des Allemands.

Depuis de longues années, la lutte se poursuit sans trêve entre les partisans et les détracteurs des fortifications permanentes, entre les amis de la cuirasse et ceux du canon. Les premiers assuraient qu'un fort moderne, pourvu de solides coupoles assises sur d'épais massifs de béton, peut à merveille commander par son feu une position donnée et rendre impraticable tout l'espace exposé au tir de ses canons. Pour eux, un fort ou une place forte, c'est-à-dire un ensemble d'ouvrages reliés entre eux et suffisamment rapprochés pour que leurs feux soient convergents, opposent à la marche d'un ennemi un obstacle insurmontable. Les seconds, au contraire, estimaient — et l'événement a donné pleinement raison à leur pessimisme — qu'il n'existe ni cuirasse, ni coupole en acier, ni revêtement de béton capables de résister au choc des énormes obus de rupture lancés par les grosses pièces modernes à tir courbe. Pour eux, un fort ou une place forte est seulement un point d'appui plus ou moins sérieux pour une armée manœuvrante, mais un point d'appui dont il faut, à tout prix, empêcher l'ennemi d'approcher; toute fortification bombardée, est une fortification détruite disaient-ils en manière d'axiome, — et ils ajoutaient : quels que puissent être les calculs fondés sur la résistance théorique des matériaux, la force vive [1] des projectiles lancés par les grosses pièces actuelles est suffisante pour en démontrer *à priori* l'inanité. Un obusier de 305

1. On peut toujours représenter une force par un poids : une force vive est donc représentée par un poids en mouvement, puisqu'un poids devient une masse dès qu'il quitte l'état de repos pour passer à celui de mouvement. Par suite, une force vive est d'autant plus grande que la masse à laquelle elle se rapporte est plus considérable et que le mouvement de celle-ci est plus accéléré. Un projectile frappe donc son but avec d'autant plus de force que son poids est plus grand et que sa vitesse au moment du choc, est plus grande. C'est ce qui est exactement exprimé par la formule classique : « La force vive égale le demi-produit de la masse du projectile par le carré de la vitesse ». Dans la pratique, on peut admettre que la masse d'un projectile est égale au dixième de son poids (exactement à 9,81 de son poids, 9,81 étant la vitesse acquise par un corps après une seconde de chute). Si on applique cette formule à l'exemple cité, on voit qu'au sortir de la bouche à feu, un projectile de 400 kilogs, animé d'une vitesse de 900 mètres à la seconde, possède une force vive représentée par l'équation :
$F = \frac{40 \times 900^2}{2} = \frac{40 \times 810.000}{2} = 16.200.000$ mètres kilos ou 16.200 mètres-tonne.

lance un obus de 400 kilogs avec une vitesse initiale de 900 mètres à la seconde : le projectile possède à la sortie du canon une force vive de 16.000 mètres-tonnes, environ, c'est-à-dire une force équivalente à celle qui soulèverait 16.000 tonnes à une hauteur d'un mètre. A 8 kilomètres, un tel projectile est capable de percer une cuirasse en acier durci de 39 centimètres d'épaisseur; il disjoindrait un massif de béton cinq fois et demi plus épais. Quant à l'explosion produite par l'inflammation de sa charge, elle développe une force brisante au moins égale, sinon même supérieure. Qu'une vingtaine seulement de projectiles de ce calibre arrivent sur une coupole cuirassée ou sur le massif de maçonnerie qui la porte, ils déterminent un ébranlement formidable et, pour tout dire, un bouleversement chaotique de tout l'ouvrage. — Cette opinion était exacte. Les défenseurs des forts cuirassés de Liège et d'Anvers s'en sont aperçus, comme plus tard ceux du fort de Troyon...

Aussi, ne peut-on plus discuter maintenant, après la cruelle expérience des premiers mois de guerre, cette opinion que tout système d'artillerie doit, pour être complet, comprendre *trois* catégories de bouches à feu :

1° Le *canon*, ou *canon long*, essentiellement destiné au tir « de plein fouet », organisé en vue d'obtenir de grandes vitesses initiales et, par suite, des trajectoires très tendues. Ce résultat s'obtient en donnant à l'âme une grande longueur et en employant les plus fortes charges de poudre que le tube puisse pratiquement supporter.

2° L'*obusier*, ou *canon court*, destiné au tir « plongeant », dans lequel on tient à avoir une vitesse restante horizontale suffisante. Le canon long permet bien l'exécution de ce genre de tir, mais à condition : ou de se mettre en batterie plus loin de l'objectif, ce qui diminue la précision du tir, ou de diminuer la charge et, avec elle, la vitesse initiale — par suite la vitesse restante et les effets du projectile. La chambre à poudre, établie rationnellement pour l'emploi de fortes charges, est trop grande pour les charges réduites, ce qui peut nuire à la régularité du tir. En outre, la grande longueur d'âme et le surcroît d'épaisseur du tube ne servent plus à rien. Il vaut donc mieux, pour l'exécution du tir plongeant : soit employer un canon à âme courte et à parois moins épaisses, plus léger et plus maniable qu'un canon long de même calibre; soit adopter un canon court, d'un calibre plus fort que ce dernier, à poids égal. Cette dernière solution est la seule qui soit réellement avantageuse. La puissance destructive d'un projectile dépend de la puissance vive qu'il possède en arrivant au but, et non pas forcément de celle qu'il possède à sa sortie de la bouche à feu. On compense l'effet de la réduction de la vitesse initiale en augmentant la masse du projectile par l'accroissement du calibre avec des projectiles semblables. D'autre part, la géométrie enseigne que les volumes des corps semblables sont entre eux comme les cubes de leurs dimensions homologues. Le poids de la charge explosive augmente avec le calibre, dans les mêmes proportions. En outre, l'augmentation du calibre entraîne avec elle, pour des projectiles semblables, l'accroissement du poids par unité de section du projectile, ce qui favorise la conservation de sa vitesse et accroit son efficacité au point où il doit agir.

3° Le *mortier,* destiné surtout au tir vertical à trajectoires très courbes sous de faibles vitesses initiales.

Dans la pratique, une bouche à feu n'est pas nécessairement et exclusivement employée au genre de tir pour lequel elle a le plus d'aptitude, mais, quoi qu'on fasse, l'une d'entre elles ne peut remplacer les autres. Il faut, en somme, considérer, qu'un canon est une machine-outil dans laquelle l'outil est le projectile : celui-ci agit, non à la bouche, mais au point d'éclatement, par sa puissance vive qui est fonction à la fois de sa masse et de sa vitesse restante[1]. Tout le problème, très complexe d'ailleurs, se résume à rendre les deux facteurs « masse » et « vitesse restante » aussi importants que possible : si les conditions générales du tir, les nécessités particulières du tir de la pièce, les diverses contingences d'ordre militaire, technique et, dans une certaine mesure, économique, imposent des limites à l'un de ces facteurs, il faut chercher à augmenter l'autre. C'est ainsi que, si on veut tirer derrière un masque ou avoir de grands angles de chute, il faut tirer sous de grands angles et, pour cela, se condamner à réduire la vitesse initiale : il faut alors accroître la masse du projectile, et par conséquent le calibre de la pièce.

1. C'est ce qu'on exprime, en artillerie, par la formule classique $\pi = 1/2\ m\ W^2$, dans laquelle π est la puissance vive au point d'éclatement, m, la masse du projectile, et W sa vitesse restante.

Quand la guerre a éclaté, nos ennemis possédaient des obusiers de 105, 150, 210, 240, 280, 305 et 420 millimètres, dont ils n'ont pas tardé à faire le plus judicieux usage.

L'adoption de l'obusier allemand de 105 remonte à 1898; la pièce ressemble, par ses caractéristiques principales, à la pièce de 1897 n/A : comme elle, il est à tir seulement accéléré (4 coups par minute) et non à tir rapide. Il lance à 6.000 mètres, sous un angle de 40 degrés, un shrapnell de 12 kilogs 500 contenant 500 balles de 10 grammes en plomb durci, ou un obus brisant de 15 kilogs 700, chargé de 1 kilog 480 d'explosif, et muni d'une fusée à double effet, graduée jusqu'à 5.300 mètres, ou d'une fusée percutante[1].

L'obusier lourd de 150 tire, avec un angle maximum de 42°, un projectile de 40 kilogs chargé de 4 kilogs 80 d'acide picrique ou de 7 kilogs 300 d'un explosif analogue à notre crésylite-mélinite, projectile dont la vitesse initiale est de 310 mètres. Sa portée utile est de 7.000 mètres[2].

Dans l'armée allemande, ces deux pièces — 105 et 150 — sont groupées en bataillons d'obusiers, dont chacun est formé de quatre batteries. L'approvisionnement en munitions est suffisant pour assu-

1. L'obusier allemand de 105 porte avec lui 244 coups, dont 148 coups explosifs. La pièce attelée pèse 2.200 kilos ; la voiture-pièce seule (obusier et affût) pèse 1.200 kilos. La bouche à feu est longue de $1^{m},25$.

2. L'obusier allemand de 150 porte 36 obus seulement dans son caisson. En batterie, il pèse 2.100 kilos; attelé, il pèse 2.700 kilos (non compris, bien entendu, le poids des servants et celui des attelages). C'est dire que c'est un matériel conçu pour les allures lentes et qui ne peut trotter qu'en terrain très ferme. La bouche à feu est longue de $1^{m},65$.

rer à chaque pièce une moyenne de 432 coups. Étant donnée la lenteur de tir qui caractérise ces obusiers, c'est là un chiffre considérable, mais qui a permis, en maintes circonstances, de réaliser une « pluie continue » dont les effets se sont révélés vraiment impressionnants.

En France, quand la guerre a éclaté, nous n'avions guère à opposer à ces pièces que notre 155, CTR dû au commandant Rimailho, et qui est plutôt une pièce d'artillerie lourde à tir plongeant qu'un véritable obusier ; nous n'en possédions, d'ailleurs, qu'un nombre tout à fait insuffisant de batteries.

Depuis la mobilisation, les choses sont heureusement changées, et nos fonderies, travaillant à force, ont livré un nombre de pièces Rimailho [1] qui nous permet d'envisager l'avenir avec la plus grande confiance.

Mais notre 155 CTR n'est pas exactement comparable au 105 allemand. Il faut donc se réjouir de ce que nous puissions *actuellement* opposer à ces deux pièces, un nombre tout à fait respectable d'obusiers lourds. Réunies en batteries de quatre pièces et de quatre caissons, chacune de ces pièces est très largement approvisionnée [2] et n'a pas besoin

1. Le 2 août dernier, la loi des cadres du 15 avril 1914 n'avait pas encore eu son plein effet : on sait que cette loi devait porter de 21 à 58 le nombre de nos batteries lourdes.

2. Nos batteries d'obusiers lourds portent dans leurs caissons : 674 coups pour le 105 (191 coups par pièce), 44 pour le 120 (114 coups par pièce), et 228 pour le 150 (74 coups par pièce). Les colonnes d'approvisionnement leur assurent immédiatement un ravitaillement triple, qui est encore doublé par la réserve de parc. Ces chiffres théoriques sont « très en dessous de la réalité ».

de compter sur ses colonnes de ravitaillement pour pouvoir engager le combat.

A côté d'obusiers lourds *d'un type tout nouveau*, dont les détails de construction et de fonctionnement sont encore tenus secrets, nous avons à notre disposition deux pièces, le 120 court et le 155 court, que des modifications heureuses ont rendues assez aisément transportables et qui ont pu, en diverses circonstances, être efficacement opposées aux obusiers lourds dont les Allemands croyaient naguère posséder le quasi-monopole.

Le 120 court [1] est essentiellement constitué par un tube relié à un frein hydropneumatique ; le tout est porté sur un petit affût (ou affût proprement dit) qui repose lui-même sur un grand affût, ou châssis, muni d'une bêche de crosse. Aux premiers coups tirés, celle-ci s'enfonce dans le sol, par l'effet de la pression que l'action du frein exerce sur la crosse et s'oppose ainsi au recul de l'affût qui est supprimé à peu près totalement dans les terrains favorables. Dans les terrains très durs, il est parfois nécessaire de creuser une sorte de rigole pour loger la bêche de crosse et lui donner prise. Le petit affût peut se déplacer sur le châssis en tournant autour

1. Le 120 court est organisé en batteries de 6 pièces et trois caissons, groupés en trois sections. Il est ainsi appelé parce que le diamètre de l'âme, entre une cloison et la cloison opposée, est de 120 millimètres. Il est dit « court » par opposition au canon de 120 qui est, en principe, une pièce de siège et de place et qui est principalement destiné au tir de plein fouet, tandis que le 120 court est surtout destiné au tir plongeant et est, à proprement parler, un obusier ; muni de son manchon et de son frein, il pèse 690 kilos.

d'un pivot placé vers l'avant, ce qui permet de rectifier la direction sans déplacer la crosse.

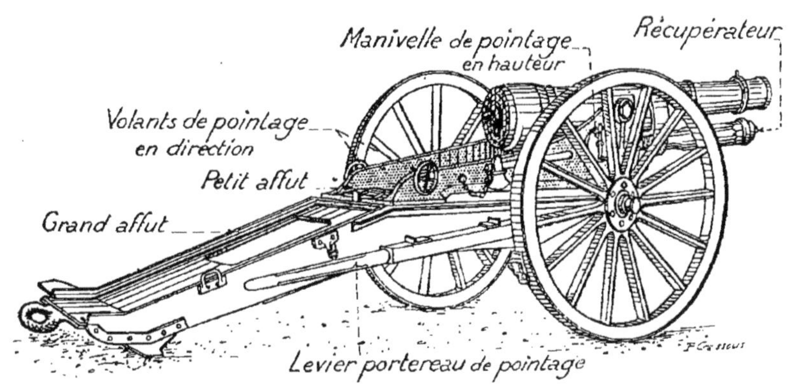

Canon de 120 court (modèle 1890).

Le frein hydropneumatique se compose essentiellement d'un corps de pompe en acier, contenant de l'huile minérale, relié au canon par la lunette de la frette de culasse, et d'un réservoir d'air ou récupérateur, en bronze, vissé dans la lunette du manchon à tourillon.

Lorsque le coup part, le canon recule dans le manchon en entraînant le corps de pompe. Le frein est agencé intérieurement de manière à ce que ce mouvement presse sur le liquide contenu dans le corps de pompe, et le force à s'écouler en soulevant une soupape chargée, et en comprimant l'air du récupérateur, ce qui limite le recul du canon.

A la fin du recul, l'air comprimé exerce une poussée sur le liquide pour le faire rentrer par de petits orifices dans le corps de pompe : il ramène ainsi celui-ci en avant et remet le canon en batterie.

Le recul maximum que le canon peut prendre dans le manchon est de 475 millimètres [1].

Le 155 court est, lui aussi, destiné au tir plongeant : son mécanisme et sa construction sont très semblables à ceux du 120 court. Comme celui-ci,

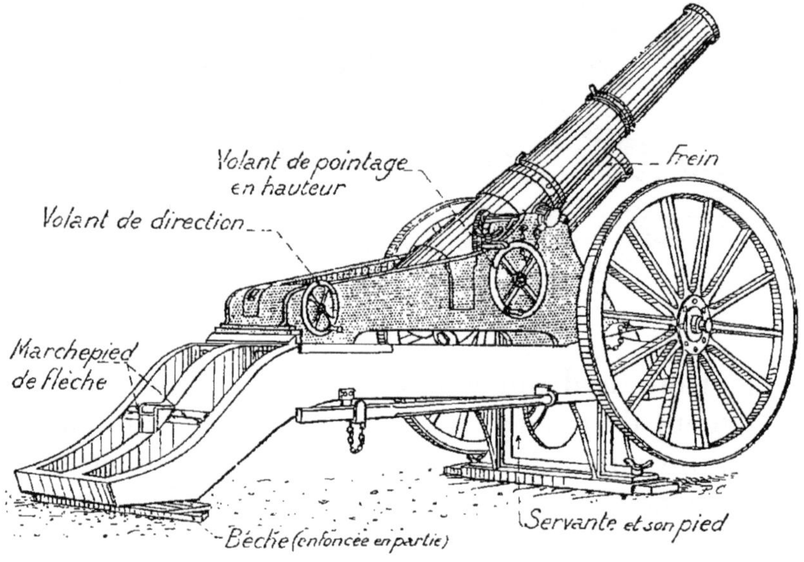

Canon de 155 court en batterie (modèle 1890).

il est caractérisé par la liaison du canon à l'affût réalisée au moyen d'un manchon et d'un frein hydropneumatique assurant le retour automatique en batterie, et par l'organisation de l'affût qui permet de tirer sans qu'on ait besoin de construire une plate-forme.

L'affût est relié à un châssis qui, à la position de

1. Quand le recul du canon atteint la valeur de 450 millimètres, « l'indicateur de recul » vient heurter un butoir fixé au manchon. La déformation de l'indicateur prévient que le recul est près d'atteindre sa valeur maxima et qu'il est nécessaire de procéder, le plus tôt possible, au rechargement du frein en liquide. Cette opération s'effectue très rapidement, au moyen d'une pompe spéciale.

tir, repose sur le sol, à l'arrière par la crosse et à l'avant par une servante (tandis que le 120 court repose par ses roues); les roues ne touchent pas le sol : on les laisse en place uniquement pour augmenter le poids en avant de l'affût et diminuer ainsi sa tendance au soulèvement, sous des angles de tir inférieurs à 25 degrés.

La pièce, en batterie, pèse 3.130 kilogrammes, tandis que la pièce de 120 court ne pèse en batterie, que 1.475 kilogrammes.

La mise en batterie du 155 court comporte deux opérations successives : préparation de l'emplacement de la pièce et passage de la position de route à la position de tir. A cet effet, on rend d'abord horizontal, s'il y a lieu, l'emplacement du pied de la servante et celui de l'arrière du châssis, puis on installe au moyen d'un fascinage convenable, un appui solide pour la crosse. On amène ensuite la pièce exactement au-dessus de son emplacement et on l'assied sur le sol, en prenant toutes les précautions indiquées par le règlement de manœuvre pour que cette assiette soit bien solide.

ARTILLERIE LOURDE D'ARMÉE.

Les obusiers lourds de campagne qui viennent d'être sommairement décrits et ceux qui ont été signalés d'un mot, c'est-à-dire exactement dans la mesure où il était possible de le faire sans inconvénient, constituent, par leur réunion en batteries et en groupes dans notre armée, en bataillons dans l'armée allemande, des unités de combat qui sont essentiellement à la disposition des commandants de corps d'armée et, dans certains cas, des commandants de divisions formant colonnes indépendantes.

Il existe, en outre, chez nous, comme chez nos ennemis, une artillerie lourde qui n'accompagne pas les troupes, mais qui est, dans chaque armée ou dans chaque groupe d'armée, à la disposition du général en chef. Elle constitue, entre ses mains, une sorte de réserve qu'il emploie, suivant les besoins tactiques du moment, pour enfoncer une position, ou, selon l'expression imagée du lieutenant-colonel Rimailho, « pour frapper, quand il le faut, un violent coup de massue ».

Au moment de l'entrée en campagne, nous ne possédions, en tout et pour tout, comme artillerie lourde, qu'un nombre trop peu considérable de batteries de 155 CTR, mises en service en 1904, mais augmentées depuis avec une parcimonie extrême, imposée d'ailleurs par d'inéluctables nécessités budgétaires.

Cependant, un point ne saurait être perdu de vue : nos pièces de 120 et de 155 courts sur affût plateforme du modèle 1890, avaient été pratiquement abandonnées; elles étaient considérées comme « démodées » par la grande majorité des artilleurs. Mais il restait entendu qu'il en serait fait usage [1], en cas de besoin, jusqu'à ce que le 155

1 Les canons longs de 120 et de 155, ainsi que le 155 court monté sur affût col-de-cygne, qui constituent la presque totalité de l'armement des places, sont d'excellentes pièces à tous points de vue. Il avait été prévu qu'elles serviraient, au besoin, comme pièces lourdes d'armée, jusqu'à la construction de 155 CTR en nombre suffisant. Leurs affûts seuls étaient anciens, et auraient dû être remplacés par des modèles plus nouveaux, en profitant des progrès réalisés par l'industrie; mais... on n'avait pas d'argent. Le remplacement des affûts a été effectué depuis la déclaration de guerre.

CTR ait été construit en quantités suffisantes. C'est ce qui a été fait au cours de cette guerre, et les pièces « vieillies » ont rendu les plus grands services.

Le règlement de manœuvre de 1912 précise que les objectifs désignés pour les canons lourds sont ceux « dont la constitution matérielle exige, pour leur désorganisation, l'intervention de moyens puissants, surtout lorsque celle-ci doit s'étendre en profondeur, comme c'est le cas pour les villages ou les bois. Il serait d'une mauvaise pratique de l'employer pour battre des objectifs vivants, bien défilés ». Chez les Allemands, au contraire, le règlement de l'artillerie lourde de campagne (28 juin 1905) est ainsi conçu : « L'artillerie lourde est engagée dès que la situation du combat l'exige. Il est alors important de déployer, le plus tôt possible, la totalité des pièces et de rechercher des effets de masse... Elle peut difficilement éviter de tirer par-dessus les troupes amies... »

L'opposition de ces deux principes est saisissante : elle n'appelle, pour être aperçue, aucun commentaire. Dans l'esprit de notre État-major, l'artillerie lourde ne devait avoir qu'une utilité pour ainsi dire exceptionnelle et ne servir qu'à titre de soutien de l'artillerie de campagne, pour l'attaque et la destruction d'une position difficilement accessible à ses coups. Pour l'État-major allemand, au contraire, elle devait d'abord préparer le combat, en agissant à grande distance pour troubler les préparatifs de l'ennemi; ensuite écraser l'artillerie adverse par une pluie de projectiles puissants lancés par des pièces à longue portée; enfin, soutenir l'infanterie et préparer l'assaut des positions retranchées ou fortifiées.

Les enseignements des guerres récentes avaient confirmé l'excellence de cette manière de voir. Au Transvaal, les Boers et les Anglais ont employé, les uns des canons de 155, les autres des canons de marine montés sur des affûts improvisés. En Mandchourie, les Russes et les Japonais étaient suivis de véritables pièces de siège transportées, d'ailleurs, à grand'peine, sur les champs de bataille; pendant la guerre Balkanique, à Monastir, les pièces Serbes de 120 ont détruit, à 10 kilomètres de distance, des batteries turques et les ont réduites au silence avant qu'elles aient pu jouer le moindre rôle utile.

Aussi les Allemands se sont-ils empressés de créer tout un matériel lourd, — obusiers et canons à longue portée, — monté sur roues ceinturées et remorqué par des tracteurs automobiles. Les Autrichiens ont suivi sans hésiter leur exemple. En France, un concours a été organisé en 1913 en vue de l'adoption d'une pièce pouvant tirer à 12.000 mètres, lançant un projectile de 25 kilogs, au moins, et d'un poids ne dépassant pas sensiblement trois tonnes. Il se peut que, si la guerre n'avait pas éclaté, ce concours ait eu, quelque jour, une conclusion pratique; mais le 2 août dernier, bien qu'il fût clos depuis longtemps, il n'avait déterminé aucune commande.

Deux mois plus tard, l'impérieuse nécessité nous avait fait agir, et les premières pièces lourdes arrivaient au front.

Toutefois, il est juste de signaler, d'un mot, que notre fraternité d'armes avec l'Angleterre a permis d'amener en ligne nombre d'excellents canons de marine montés sur des affûts très mobiles et qui rendent d'excellents services. Mais il est juste aussi de rappeler qu'avant la guerre, l'entente cordiale n'était pas une alliance et, que par conséquent, rien n'autorisait alors à prévoir, pour le cas d'une guerre européenne, l'envoi aux armées des pièces de marine qui sont utilisées maintenant. — Ceci est dit, en passant, pour rectifier certaines assertions erronées qui furent formulées, le 14 janvier 1915, dans le salon de la Paix, au Palais-Bourbon, et qui émanaient d'un homme qui, pourtant, devrait être bien informé de toutes choses.....

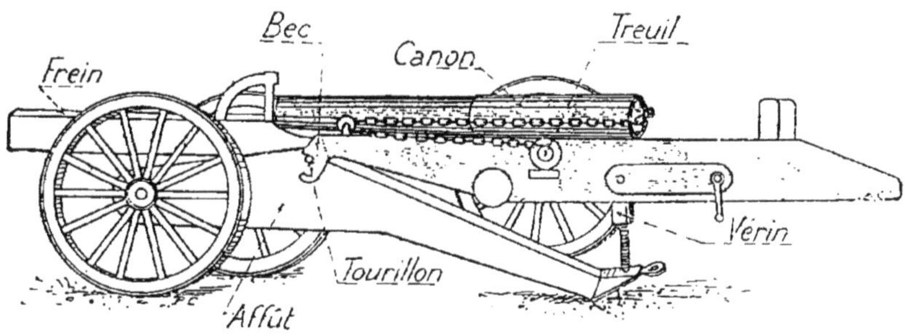

Chariot du Rimailho.

Notre 155 CTR (court, tir rapide) a été adopté en 1904 : il est l'œuvre du capitaine Rimailho [1], actuellement lieutenant-colonel de réserve, qui fut le collaborateur du commandant Sainte-Claire Deville,

1. Il est, à certains égards, curieux de constater — sans commentaires — que, dans la guerre actuelle, le lieutenant-colonel Rimailho a commandé pendant 6 mois un groupe de batteries de 75, et non un groupe de batteries de 155 CTR. Il dirige aujourd'hui les ateliers de St-Chamond.

actuellement général, lorsque, succédant au lieutenant-colonel Deport, il eut à effectuer la mise au point du 75 et de ses accessoires de batterie.

Comme notre canon de 75, dont il rappelle dans ses grandes lignes les dispositions d'ensemble, il avance et recule sur un corps de frein, fixé lui-même à l'affût au moyen de deux tourillons placés en arrière de la culasse et maintenu en position par un équilibreur à air comprimé. Le mouvement de recul se trouve ainsi décomposé, un peu comme dans le canon Deport, de façon que la pièce ne puisse pas talonner au moment du départ du coup, quel que soit l'angle sous lequel elle est tirée.

Ce qui constitue son originalité principale, c'est la façon dont il est disposé pour la route. Très lourd, (il pèse, en batterie, plus de 3.000 kilogs), il serait peu maniable s'il n'était muni d'un avant-train. Aussi sépare-t-on pour le transport, la pièce en deux parties : tandis que la bouche à feu proprement dite est mise sur une voiture porte-canon, l'affût est tiré à part. La voiture-canon pèse ainsi 2.750 kilogs et la voiture-affût 2.500 kilogs, ce qui est, à peu de chose près, le poids de notre ancien 90, avec ses servants assis sur les coffres. Deux minutes suffisent, au polygone, pour replacer le canon sur son affût, et, dans les conditions les plus défavorables du temps de guerre, huit à dix minutes ont toujours suffi pour passer de la formation de route[1] à la mise en batterie.

1. Le canon Rimailho, comme d'ailleurs toutes les pièces de notre artillerie lourde d'armée, est remorqué par des tracteurs automobiles à quatre roues motrices. Les roues de l'affût et de la voiture-canon sont « ceinturées », c'est-à-dire munies de palettes articulées prenant

Le premier coup, une fois tiré, la stabilité est acquise, et le tir se continue à la cadence de cinq coups à la minute. L'obus explosif du Rimailho pèse 43 kilogs et est chargé de 10 kilogs d'explosif.

Le 155 Rimailho.

Étant donné que le 155 CTR peut être tiré sous un angle de 40°, il constitue aussi bien un obusier lourd qu'un canon lourd : dans les deux cas, sa précision est, de tous points, comparable à celle du 75. Malheureusement, sa portée utile ne dépasse guère 6.000 mètres, ce qui est insuffisant pour

appui sur le sol au moyen de larges plaques juxtaposées. La répartition du poids se fait ainsi beaucoup mieux que par une large jante, celle-ci fût-elle d'une largeur démesurée.

répondre aux exigences de la guerre actuelle. Il est supérieur à l'obusier allemand de 150, mais son feu serait éteint par les pièces ennemies plus puissantes... si nous n'avions maintenant des canons et des obusiers lourds beaucoup plus efficaces que lui. Il faut, en réalité, considérer notre 155 CTR comme ne constituant plus qu'une partie de notre artillerie lourde d'armée.

Aux gros obusiers Krupp de 210 et de 280, nous pouvons, en effet, opposer, dès maintenant, des obusiers largement équivalents, et, en face des canons allemands de mêmes calibres, mettre en batterie des pièces lourdes qui les valent. Nous connaissons bien les véritables mastodontes que sont ces pièces allemandes, puisque nos ennemis ont été contraints d'en abandonner plusieurs dans les terrains détrempés de la Flandre occidentale, lorsqu'ils ont reculé précipitamment devant nos troupes après les combats sur l'Yser. A titre d'indication, il n'est pas sans intérêt de donner ici les caractéristiques du 280 Krupp :

Longueur de la bouche à feu.........	3,35	(mètres).
Diamètre des roues.................	1,60	»
Largeur des jantes..................	0,62	»
Champ de tir vertical maximum......	65	(degrés).
» » horizontal maximum...	5	»
Poids de la bouche à feu.............	6.130	(kilogr.).
» de la pièce en batterie...........	13.900	»
» de la pièce avec son avant-train.	14.290	»
» de l'affût[1].....................	8.160	»
» du projectile....................	340	»

1. Ce poids de l'affût de l'obusier allemand est à retenir. Il explique pour quelle raison cette pièce ne peut circuler que sur des routes solides et pavées, exceptionnellement sur du macadam bien établi,

Vitesse initiale maxima.............	340	(mètres).
Force vive du projectile à la sortie..	2000	(tonnes-mètres).
Portée utile maxima................	10	(kilomètres).

Le projectile du 280 est un shrapnell de 340 kilogs ou un obus explosif de 260 kilogs, contenant 17 kilogs d'explosif. Suivant la charge de la gargousse, la vitesse initiale varie de 180 à 340 mètres à la seconde. Mais le tir manque de précision : nos artilleurs ont fait à ce point de vue de curieuses expériences : en brûlant les munitions abandonnées par l'ennemi, ils ont constaté que le projectile porte avec 2 ou 300 mètres environ d'écart, ce qui n'a pas lieu pour nos obusiers de même puissance, leur mécanisme de pointage étant absolument exact et leurs munitions parfaites [1].

L'obusier allemand de 210 ne pèse que 5.450 kilogs, avec, pour la bouche à feu, une longueur de $2^m,10$; il lance un obus de 129 kilogs, chargé de 15 kilogs d'explosif sous un angle de tir maximum de 70 degrés. Sa justesse est, elle aussi, assez médiocre et nos artilleurs ont constaté dans son tir, des écarts au but de 3 à 400 mètres en moyenne.

mais jamais sur du terrain de culture ou de pâturage où elle s'embourberait irrémédiablement, en dépit de ses roues ceinturées.

1. Il est évident, *a priori*, qu'un écart au but est sans grande importance quand il est la conséquence d'une dérive uniquement due à une particularité de construction : à la condition que cet écart soit constant, rien n'est plus simple qu'en supprimer les effets en effectuant des corrections de pointage convenables. Ainsi, quand une montre retarde ou avance d'un nombre connu de minutes, il est facile de connaître par elle l'heure exacte, en corrigeant ses indications au moment de la lecture. Mais, pour l'obusier allemand de 280, la correction de pointage ne donne pas des résultats entièrement satisfaisants. Il semble donc que l'écart au but soit dû en partie à une défectuosité des munitions employées; c'est dire qu'il est fâcheux... pour les artilleurs allemands, parce qu'il n'est que partiellement « corrigeable ».

Par contre, les obusiers lourds [1] tout récemment mis en service dans notre armée, possèdent une admirable précision...

En raison de leur poids, les pièces complètes sont fractionnées pour le transport [2] : les obusiers de 210 et de 240 sont portés sur deux voitures... Le poids de chaque voiture est de 2 à 3.000 kilogs au plus : un tracteur automobile et, à la rigueur, six chevaux les emmènent aisément à bonne allure.

L'armée autrichienne a prêté à l'armée allemande quelques obusiers de 305 qui ont accompagné les troupes opérant en Belgique et celles qui ont assiégé Maubeuge. Ces pièces énormes tirent un projectile de $0^m,80$ de longueur. D'autre part, les Allemands ont amené sous Liège et sous Anvers, quelques exemplaires d'un monstrueux obusier, de 420 millimètres,

1. Les caractéristiques des obusiers lourds de 210, 240 et 280 sont les suivantes, d'après la *Revue d'artillerie* :

		210	240	280
		—	—	—
Vitesse initiale à la bouche.....	(mètres)	335	275	320
Portée optima.................	(mètres)	8500	6400	8300
Poids de l'obus explosif........	(kilogr.)	98	140	275
Charge........................	(kilogr.)	13	26	40
Angle de pointage maximum :				
en hauteur................	(degrés)	+43	+60	+60
en direction..............	(degrés)	+ 6	+ 2	+20
Nombre de coups tirés à la minute.		2	2	2
Poids de la bouche à feu.......	(kilogr.)	2135	2200	3936
— de la pièce en batterie...	(kilogr.)	5375	5600	15,234
— de la voiture-pièce.......	(kilogr.)	3870	3250	4916
— de la voiture-affût.........	(kilogr.)	3895	3850	—

2. Il en est, naturellement, de même pour les pièces de poids correspondant en service dans l'armée allemande. C'est ainsi que la batterie d'obusiers lourds de 150 comporte 4 obusiers, 8 caissons, 1 chariot, 1 forge et 1 voiture-observatoire qui transporte le personnel. La batterie de l'obusier lourd de 210 comporte 4 voitures-canons, 4 voitures-affûts, 4 chariots portant les ceintures de roues, 4 caissons, 1 voiture-observatoire.

qui était, à lui seul, une véritable usine : traîné sur rails par une locomotive, servi par des moyens mécaniques (dynamos, grues électriques), il pèse environ 110 tonnes avec son affût, et lance un obus long de $1^{m},50$ chargé de 400 kilogs d'explosif. Rien ne nous empêche de dire que, si l'obusier autrichien a fait réellement du mal à nos coupoles et à celles des Belges, le 420 n'a pas rendu les services qu'on attendait de son énormité. Cette pièce « kolossale » paraît être, en quelque manière, semblable à l'Empire allemand lui-même : à l'usage, elle s'est révélée moins redoutable qu'on ne le croyait.

Du reste, quand le moment sera venu, pour nos artilleurs, d'aller éteindre le feu des places allemandes, ils auront à leur disposition des pièces de siège tout aussi puissantes, mais infiniment plus maniables qui attendent, dans nos arsenaux, le moment de se révéler.

Actuellement, d'ailleurs, les pièces énormes n'ont pas encore de rôle décisif à jouer. Nos ennemis apprennent à leurs dépens que nous avons su, en quelques mois et *malgré l'insuffisance de notre préparation première,* créer de toutes pièces et mettre en ligne une artillerie lourde qui les a déjà décimés en maintes rencontres et qui, d'ailleurs, commence à peine à remplir son utile office.

Les pièces à tir courbe ont toujours une rapidité de fonctionnement utile assez faible, en raison de la nécessité où l'on se trouve d'avoir pour elles des charges variables. Étant donné, en effet, que les obusiers sont employés dans un grand nombre de circonstances différentes les unes des autres, leurs projectiles doivent être lancés suivant des trajectoires et avec des vitesses initiales très différentes. Aussi leur tir exige-t-il l'emploi de charges variables, dont chacune donne à l'obus une vitesse connue d'avance. C'est ainsi que, dans le 155 CTR, la charge normale de la douille est séparée en 7 parties, dont chacune est contenue dans un sachet distinct : en tirant à douille pleine, on obtient la vitesse initiale maxima, et celle-ci est réduite quand on enlève, avant le tir, un nombre donné de sachets.

Au contraire, les nouveaux canons lourds tirent, comme le 75, des cartouches réunissant l'obus et la gargousse. On atteint ainsi, pour eux, des rapidités de tir qui sont, en campagne, de 8, 10 et même 12 ou 14 coups à la minute.

*
* *

Comme un refrain mélancolique, il faut répéter à leur sujet ce qui a déjà été dit, à plusieurs reprises, au cours de cette étude : quand la guerre a éclaté, nous n'avions pratiquement pas de canons lourds. Aujourd'hui, chacune de nos armées en possède une quantité largement suffisante pour satisfaire à tous ses besoins, et nos usines privées en fabriquent chaque mois trois batteries. Quand viendra l'heure d'entreprendre cette vigoureuse offensive qui va libérer le territoire, nous emmènerons avec nous de quoi préparer sans peine la marche en avant.

Mais il n'est pas interdit de croire que, si nous

avions été mieux outillés à la date du 2 août 1914, au moment de la mobilisation générale, peut-être les longs mois qui viennent de s'écouler auraient été marqués par toute une série de brillantes victoires...

Toutefois, ce serait une faute qu'exagérer le pessimisme rétrospectif : ce qui importe, en matière d'art militaire, c'est l'heure présente et c'est l'avenir. Or l'heure présente permet tous les espoirs, et l'avenir nous réserve tous les triomphes.

LES POUDRES

Quel que soit leur calibre et quel que soit le poids du projectile qu'ils lancent, tous nos canons brûlent la même poudre — la poudre B — ou plus exactement, des types divers de la même poudre.

Celle-ci n'a rien de mystérieux, et le prétendu secret d'État qui existerait à son sujet est, à proprement parler, celui de Polichinelle.

*
* *

A part quelques modifications dans le dosage de ses constituants primitifs, et quelques changements apportés aux méthodes servant à la préparer, la poudre noire[1] est demeurée en usage pendant cinq sèc les.

1. La poudre noire est le type des poudres dites « mécaniques », qui sont constituées par des mélanges; elle est composée de salpêtre, de soufre et de charbon. Le dosage dit « français » est le suivant :

Salpêtre	75
Soufre	12,5
Charbon	12,5

La plupart des dosages étrangers sont voisins de :

Salpêtre	75
Soufre	10
Charbon	15

En 1785, Berthollet, ayant découvert le chlorate de potassium, proposa de le substituer au salpêtre dans la préparation de la poudre; mais la trop grande sensibilité au choc des poudres faites avec ce produit fut la cause d'une catastrophe qui fit plusieurs victimes et détermina l'abandon immédiat des essais en cours.

En 1789, Howard obtint un explosif puissant, mais très sensible au choc, en traitant l'azotate de mercure par l'acide azotique et l'alcool; les travaux de Gay-Lussac, de Berzélius et de Liebig en permirent les emplois pratiques dans la fabrication des capsules d'amorçage et, grâce à eux, le fulminate de mercure se substitua aux mèches pour la mise en feu des poudres.

En 1832, Braconnot, de Nancy, prépara la xyloïdine, produit très inflammable, en attaquant par l'acide azotique concentré l'amidon et les fibres ligneuses. Six ans plus tard, Pelouze, étudiant et cherchant à perfectionner la xyloïdine de Braconnot, s'aperçut qu'en soumettant une cellulose quelconque à une très brève immersion dans l'acide azotique monohydraté, puis en la lavant longuement à l'eau pure et en la séchant, on se trouvait avoir préparé une substance à la fois inflammable et détonante. En 1845, Dumas nitrifia le papier et prépara ainsi la nitramidine, qu'il proposa d'appliquer à la confection

La poudre « chocolat », fabriquée en Allemagne vers 1880, et ainsi nommée à cause de sa couleur, comprenait :

Salpêtre	78
Soufre	3
Charbon	19

Ce dernier était du charbon roux, qui confère à la poudre certaines propriétés balistiques spéciales.

des gargousses d'artillerie; mais tous ces explosifs nouveaux manquaient de stabilité chimique et, en même temps, se comportaient dans les armes à la manière des explosifs brisants.

L'année suivante, Schönbein, de Bâle, eut l'idée d'immerger du coton bien cardé dans un mélange d'acide azotique et d'acide sulfurique concentrés, puis de le soumettre à des lavages dans un courant d'eau pure, répétés jusqu'à ce qu'ait disparu de sa masse toute trace d'acide, enfin de sécher le produit fini dans une étuve close dont la température ne dépassait pas + 80. Malheureusement, le fulmicoton de Schönbein se décomposait et explosait avec la plus grande facilité : aussi les diverses artilleries européennes et américaines qui avaient espéré pouvoir se servir de lui, durent-elles renoncer à son emploi.

Cependant, le baron von Lenk, de Vienne, perfectionna les procédés de fabrication de Schönbein, au point de faire du fulmicoton une substance relativement stable, et produisant des effets explosifs assez réguliers. L'armée autrichienne le mit en service dans trente batteries de son artillerie; mais les explosions de Jimmering (1862) et de Steinfeld (1865), rapportées toutes les deux à la décomposition spontanée du coton-poudre, le discréditèrent complètement.

En 1865, le chimiste anglais Abel trouva, pour fabriquer et purifier le fulmicoton, un procédé nouveau : il réduisait avant toute chose le coton en fils très fins, de manière à supprimer toute « pelote » susceptible de devenir un centre de réaction anormale consécutive à la nitration; puis, après fabrication et lavage, le soumettait, encore humide à un déchiquetage énergique permettant de perfectionner encore le lavage. Le fulmicoton ainsi préparé était desséché au moment de l'usage, ou encore utilisé à l'état humide, son explosion étant déterminée par la déflagration d'une capsule au fulminate de mercure. La méthode d'Abel détermina un véritable élan en faveur du coton-poudre rénové.

Vers la même époque, l'Italien Sobrero fit connaître la nitroglycérine, entrevue par lui dès 1847; mais elle était trop sensible au choc pour recevoir des applications industrielles ou militaires.

De 1860 à 1863, le Suédois Nobel diminua sa sensibilité en la dissolvant dans l'alcool méthylique, d'où il la séparait peu à peu par addition d'eau. Mais « l'huile explosive » ainsi préparée était encore d'un maniement dangereux : il eut alors l'idée heureuse de l'incorporer à un corps inerte et poreux, et, le jour où il parvint à rendre stable cette incorporation, la dynamite fut prête à révolutionner l'industrie extractive.

A ce moment, deux explosifs puissants, fulmicoton stable d'une part, dynamite de l'autre, pouvaient remplacer la poudre noire, — à la condition, bien entendu, d'être mis sous une forme leur donnant la possibilité de brûler dans les armes sans y produire d'effets brisants. Des chercheurs nombreux s'attachèrent à réaliser cette dernière condition et, de leurs recherches patientes, les poudres actuelles[1] sont sorties.

1. Elles appartiennent toutes au type des poudres dites « chimiques », qui sont, non des mélanges comme la poudre noire, mais des com-

Outre l'absence totale de fumée qui caractérise leur déflagration, elles ont une puissance d'explosion considérable, sans être pourtant trop brisantes ; leurs qualités balistiques sont, par conséquent, de premier ordre.

*
* *

Donc, il y a de cela quelque trente ans, tous les laboratoires spécialisés dans le monde entier en vue d'étudier les substances explosives, s'appliquaient à trouver une formule permettant de produire, à des prix acceptables, des poudres balistiques[1] et des poudres brisantes capables de s'imposer d'une façon définitive. Les premières devaient surtout servir pour les armes de guerre, et accessoirement pour le tir des fusils de chasse ou des armes de poche ; les secondes avaient leurs débouchés tout indiqués dans le chargement des projectiles de rupture, et accessoirement dans la confection des cartouches pour l'industrie minière. En somme, travailler pour l'armée était le principal objectif de tous les chercheurs.

D'autre part, la nécessité, proclamée à la fois par les artilleurs et par les tacticiens de remplacer à très bref délai les fusils de gros calibre par des armes

posés définis. Pour les préparer, on utilise les explosifs nitrés, c'est-à-dire des corps obtenus en faisant agir l'acide nitrique sur des composés organiques convenablement choisis.

1. Les poudres balistiques servent à lancer des projectiles ; les poudres brisantes chargent uniquement les projectiles de rupture. On applique, à l'heure actuelle, à ce dernier usage tantôt la vieille poudre noire, tantôt l'acide picrique, qui constitue la mélinite française, tantôt la dynamite, tantôt des substances diverses que les chimistes caractérisent en disant qu'elles sont des « dérivés polynitrés de la série aromatique ».

portatives de calibre plus faible, imposait l'emploi d'une poudre pouvant donner aux projectiles une vitesse initiale plus grande, sans trop fatiguer les armes ni produire en elles des érosions sensibles, tout en rendant plus rectilignes les trajectoires, ce qui correspondait à augmenter en même temps la portée, l'effet utile et la justesse de tir.

De divers côtés, on entrevoyait des solutions possibles à ce difficile problème, et la certitude était acquise, pour la nation qui serait la première à le résoudre définitivement, d'avoir, pendant quelques années au moins, une supériorité militaire considérable sur ses rivales. Il n'en fallait pas davantage pour surexciter le zèle des travailleurs.

Ce fut la France qui parvint à atteindre le but poursuivi. Notre infanterie adopta une poudre à base de nitrocellulose qui est de couleur claire et que, pour ce motif, on appela « poudre blanche », ou, par abréviation « poudre B », en opposant son aspect extérieur à celui de l'antique poudre noire, qui fut désignée sous le nom de « poudre N ». Essentiellement formée de nitrocellulose, elle satisfaisait de tous points aux multiples conditions imposées par le Commandement; par surcroît, elle ne dégageait en brûlant qu'une fumée insignifiante et ne laissait à l'intérieur des armes qui la tiraient aucune espèce de résidu solide susceptible de les encrasser.

Dès 1886, notre infanterie fut dotée d'un fusil construit en vue d'utiliser cette poudre B; peu d'années après, notre artillerie de terre et notre artillerie de mer adoptèrent successivement la même poudre, et la France se trouva posséder un armement nouveau, spécialement étudié pour l'emploi de poudres sans fumée à base de nitrocellulose. Il s'ensuivit une modification profonde de notre tactique de guerre, le remplacement des manœuvres en rangs serrés par les évolutions en ordre dispersé, mais surtout, dans l'âme de nos troupes comme dans celle de nos équipages, une irréductible confiance en un avenir glorieux et consolateur, l'avenir qui, peu à peu se réalise aujourd'hui, malgré les terribles difficultés d'une lutte sans merci.

Cette supériorité matérielle et morale incontestée, nous l'avons conservée pendant quelques années; puis les nations voisines sont parvenues, elles aussi, à trouver des poudres sans fumée plus ou moins analogues à la nôtre; à notre exemple, elles ont refait leur armement, profitant du reste dans une large mesure de l'expérience poursuivie chez nous, adoptant le principe des armes à tir rapide, du jour où elles eurent à leur disposition une poudre non encrassante, — et parvenant ainsi à s'élever jusqu'à notre niveau.

La situation de tous les peuples est actuellement à peu près identique quand on se borne à envisager le point de vue de leur armement, et ce serait conserver une illusion dangereuse que croire encore à une supériorité militaire quelconque ayant pour unique raison l'excellence de notre poudre.

Au surplus, les poudres sans fumée de toutes les nations modernes l'emportent tellement sur la poudre noire que, nulle part, on ne pourrait songer aujourd'hui à revenir à celle-ci, et les poudres à base de nitrocellulose sont à ce point excellentes qu'il est douteux de les voir bientôt supplantées par des substances sans analogie chimique avec elles.

Par suite, les armées des pays civilisés sont condamnées, pour longtemps encore, à employer des poudres du même genre que la nôtre.

*
* *

Le coton-poudre, ou fulmicoton, qui est le constituant essentiel de notre poudre B, doit être considéré, non comme une substance chimiquement bien définie, mais comme le mélange de diverses nitrocelluloses [1]. Il est obtenu en traitant, par l'acide nitrique additionné d'acide sulfurique, du coton parfaitement dégraissé et séché, strictement privé de toute matière étrangère et cardé de façon minutieuse, puis en lavant à fond le produit du traitement. Quand on emploie pour cette préparation, d'abord du coton rigoureusement pur et rigoureusement propre, ensuite des acides chimiquement purs, enfin de l'eau de lavage d'une propreté parfaite, et quand on prolonge ce lavage pendant assez de

1. La cellulose pure se combine avec l'acide nitrique dans des proportions différentes; suivant, disent les chimistes, le nombre d'atomes d'hydrogène qui, dans sa molécule, « sont substitués par le radical azotile », elle forme l'un ou l'autre des douze composés nitro-cellulosiques possibles. Pratiquement, cette nitration atteint son maximum avec le fulmicoton, qui est une trinitrocellulose; elle est moindre avec les binitrocelluloses, coton-collodion ou pyroxylines; celles-ci, dissoutes dans un mélange d'alcool ou d'éther, donnent le collodion; additionnées de camphre, elles sont la matière première du celluloïd; combinées avec les nitroglycérines, elles fournissent les gélatines explosives; par ailleurs, elles entrent dans la composition de l'immense majorité des poudres sans fumée.

temps pour éliminer aussi complètement que possible les produits acides mécaniquement retenus au sortir du bain de nitration, on obtient un fulmicoton stable, ou plus exactement un fulmicoton dont la stabilité est aussi grande que possible. Mais il ne faudrait pas croire que cette stabilité puisse être absolue, comme l'est par exemple celle de la craie ou du sel marin; ceux-ci persistent indéfiniment dans leur composition et dans leur structure, quand on les abandonne à eux-mêmes en prenant soin de les soustraire aux influences extérieures. Le coton-poudre, au contraire, même placé dans des conditions optima de conservation, subit à la longue des modifications chimiques internes, quelle que soit l'excellence de sa qualité, c'est-à-dire quel qu'ait été le soin apporté à sa fabrication. Cela tient à ce que la cellulose est une matière organique, une matière pour ainsi dire vivante, et à ce que, par suite, les réactions chimiques dans lesquelles elle entre n'ont jamais rien de définitif. C'est là, du reste, une propriété caractéristique de toute substance organique, en qui la vie subsiste toujours à l'état latent et se manifeste à tout le moins par une lente évolution interne.

Par suite, quels que soient les soins apportés à sa fabrication, le fulmicoton est toujours instable. C'est une notion qu'il faut retenir, et dont la conséquence naturelle est que la stabilité d'une poudre dont il constitue la base ne peut être, en aucun cas, ni absolue ni permanente.

Le fulmicoton se décompose donc toujours à la longue, quelle que soit la température et quelles que soient les diverses conditions physiques auxquelles il est soumis : il est le siège d'une véritable combustion interne, donnant comme produits terminaux des gaz[1] qui, aussitôt émis, l'attaquent avec une intensité d'autant plus grande qu'ils se dégagent « à l'état naissant », ce qui, d'après les opinions unanimement admises aujourd'hui, leur confère ce qu'on pourrait appeler leur maximum d'activité chimique. De plus, ces gaz agissent et réagissent les uns sur les autres, en même temps qu'ils entrent en combinaison avec l'air au contact duquel ils viennent : ainsi s'explique que des traces d'acide nitrique et d'acide nitreux existent toujours dans les produits spontanément émis. Enfin, on conçoit sans peine que le seul départ de ces produits puisse suffire à déterminer des ruptures plus ou moins profondes de l'état initial d'équilibre dans lequel se trouvaient les molécules du coton-poudre aussitôt après leur fabrication.

Cette sorte de combustion interne, qui est pour le fulmicoton une véritable fonction naturelle, est sans importance et sans inconvénient pratique quand les gaz dégagés ne donnent pas lieu à des réactions secondaires, c'est-à-dire quand leur neutralisation est faite au moment même où ils se forment[2]. Elle est, de plus, très ralentie quand on maintient à tem-

1. Ces gaz sont : l'acide carbonique, l'oxyde de carbone, l'azote, le protoxyde d'azote, le bioxyde d'azote, le formène et l'hydrogène.

2. Si les acides émis ne sont pas immédiatement neutralisés, ils attaquent d'une façon régulièrement croissante la matière organique ; les réactions s'accélèrent donc, et la masse subit une véritable décomposition nitreuse qui a pour résultat tangible de la rendre très instable. Si, au contraire, on prend le soin d'introduire, au cours de la fabrication, des substances capables d'opérer la fixation des acides émis et de les amener à une forme neutre, les actions secondaires résultant de la décomposition nitreuse ne se produisent pas, ou du

pérature basse les produits fabriqués. L'expérience a établi qu'une élévation de 10 degrés dans la température de conservation, triple la vitesse avec laquelle se produisent les réactions.

Si, au lieu de mettre en œuvre des cotons très purs, des acides très purs et des eaux très propres, on emploie des matières premières d'une pureté seulement approximative et surtout des produits franchement impurs, le lavage du fulmicoton fini est extrêmement pénible, sinon impossible, et les réactions théoriques pour ainsi dire normales, dont le mécanisme vient d'être sommairement exposé, prennent une importance considérable. La combustion interne acquiert une intensité très grande, par laquelle le dégagement des gaz est accru dans une proportion redoutable. La durée de conservation possible s'en trouve fortement diminuée, et la poudre B, fabriquée avec un fulmicoton ainsi frappé d'une sorte de tare originelle, ne saurait avoir toutes les qualités prévues pour elle.

C'est malheureusement ce qui s'est fait en France pendant trop d'années, et les polémiques retentissantes qui se sont élevées dans la Presse et le Par-

moins leur apparition se trouve très retardée : la durée pendant laquelle le fulmicoton reste stable, est accrue.

C'est pour cette raison que l'habitude a été prise d'alcaliniser légèrement le coton-poudre par une faible addition de carbonate calcique aux dernières eaux de lavage : on constitue de la sorte ce qu'on pourrait appeler « une réserve de neutralisation ». Un titrage simple, suffit à montrer quand cette réserve a disparu, et, par suite, à signaler le moment où un coton-poudre, devenu susceptible de se désintégrer, est par là-même sur le point de devenir dangereux. Dans la pratique, on complète du reste ce titrage par des épreuves de stabilité très analogues à celles que l'on emploie pour les poudres B terminées.

lement à la suite des catastrophes successives de l'*Iéna*, du *Latouche-Tréville*, de la *Couronne*, de la *Liberté*, pour ne citer que les plus tragiques

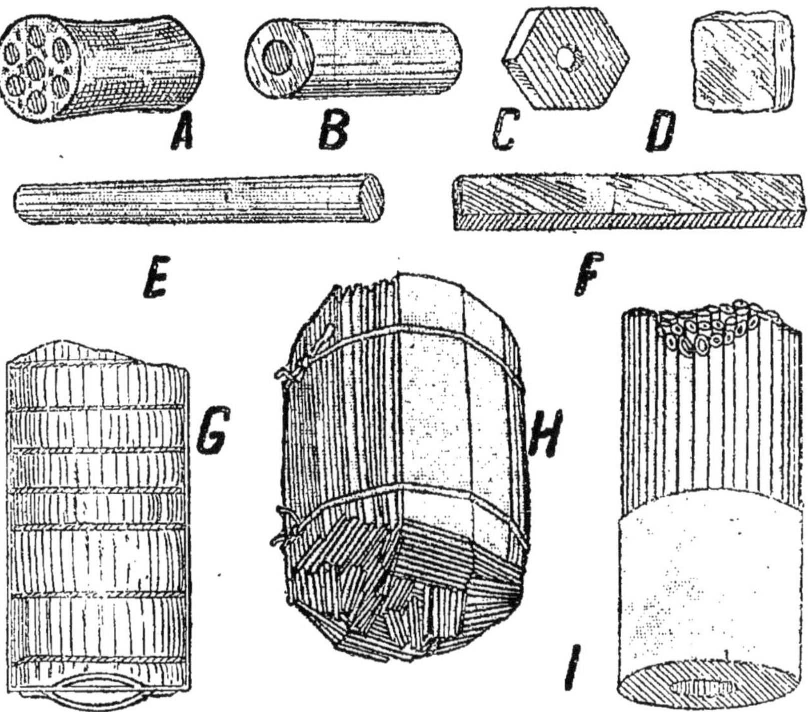

La forme des principales espèces de poudres : D, poudre noire en prismes quadrangulaires; C, poudre noire en prismes hexagonaux; B, poudre allemande à la nitroglycérine (forme tubulaire); A, poudre américaine à la nitrocellulose; F, poudre B française, en lamelles; E, cordite anglaise; H, fagot de poudre B; G, gargousse formée par l'assemblage de fagots de poudre B : à la partie inférieure, se trouve une pastille d'amorçage, en poudre noire; I, fagot de poudre allemande en tubes.

d'entre elles, ont révélé sur ce point des faits véritablement scandaleux. Mais il faut bien se dire qu'à l'heure présente, les poudres sont consommées au fur et à mesure qu'elles sont fabriquées : leur altération lente n'a donc aucune importance et aucun inconvénient pratiques. D'ailleurs, comme en temps de guerre, on ne lésine pas, on peut dire que, d'une façon générale, on fabrique bien, et cela est exact en matière de poudre B plus peut-être qu'en toute autre matière.

Le coton-poudre s'enflamme avec facilité, sous l'influence d'un choc ou d'un frottement. Quand on le réduit en pâte, par exemple en l'imprégnant d'une eau contenant en dissolution du carbonate de soude, on peut le mouler sous forme de galettes : il s'enflamme alors et brûle à l'air libre sans faire d'explosion, en même temps qu'il devient peu sensible au choc. Sa sensibilité, à ce point de vue, est d'ailleurs très diminuée encore quand on le comprime.

Mais pour donner, en brûlant, des pressions de gaz bien régulières, c'est-à-dire pour devenir une poudre commodément utilisable au chargement des armes à feu, il doit être amené à l'état colloïdal, en d'autres termes « gélatinisé » ; on y parvient en le faisant dissoudre[1] dans une substance rapidement desséchante, non hygroscopique, et qui n'altère en rien ni sa nature ni ses propriétés spéciales.

En France, on emploie comme dissolvant un mélange d'alcool éthylique et d'éther sulfurique.

Quand le fulmicoton arrive aux Poudreries, il renferme 30 pour 100 d'eau, laissée dans sa masse pour faciliter et rendre sans danger les manipula-

1. Les principaux dissolvants en usage dans ce but sont l'éther acétique, l'acétate de méthyle, l'acétone, l'acétate d'amyle, seul ou en mélange avec l'alcool amylique, le mélange d'éther sulfurique et d'alcool éthylique ou méthylique, le chloroacétone, la benzine rectifiée, le nitrobenzène pur, les hydrocarbures azotés aromatiques, etc.

tions et le transport. On élimine d'abord cette eau en la déplaçant au moyen d'alcool à 95 : on introduit ensuite le produit déshydraté dans des pétrins mécaniques, où on l'additionne de la quantité du mélange éthéro-alcoolique nécessaire pour le gélatiniser, puis on le malaxe longuement. Il est ainsi transformé en une pâte qui est soumise à une pression énergique dans une filière d'où elle sort sous la forme de bandes dont les dimensions varient suivant les dimensions mêmes de l'arme à laquelle la poudre finie sera destinée. Ces bandes, une fois découpées à la longueur voulue, constituent ce qu'on appelle « les brins de poudre[1] ».

Le dissolvant est ensuite éliminé par chauffage à l'étuve, s'il s'agit de poudres dont les brins ont une faible épaisseur, comme sont les poudres B employées par l'artillerie de campagne et surtout par l'infanterie. L'élimination est assurée par une série

1. Les dimensions et la forme des brins de poudre ont été fixées à la fois par le calcul et par l'expérience, en vue de faire varier la rapidité de la combustion pour produire tels ou tels effets balistiques déterminés. Tandis que les poudres noires se présentent exclusivement sous la forme de prismes rectangulaires ou hexagonaux, les poudres B françaises ont la forme de lamelles : pour le service de l'artillerie, elles sont assemblées en gargousses, constituées elles-mêmes par des fagots assemblés en sachets de serge ou de soie artificielle nitrocellulosique. La poudre sans fumée allemande, qui contient 10 à 20 pour 100 de nitroglycérine, affecte une forme tubulaire. La poudre américaine, analogue à la nôtre, à la forme de cylindres perforés. La poudre russe, qui est de même composition que la poudre française, est façonnée en tubes. La cordite anglaise, qui contient 30 parties de nitroglycérine, 5 de vaseline et 65 de fulmicoton, a la forme de brins cylindriques dont les dimensions varient suivant l'effet à obtenir. La balistite italienne, qui est, elle aussi, à base de nitroglycérine, se présente sous la forme de tubes, etc.

Il est à peine besoin de faire remarquer que rien n'est, en somme, plus inexact, étymologiquement parlant, que le nom de « poudre » appliqué aux explosifs modernes, puisque ceux-ci n'affectent pas la forme pulvérulente.

de trempages à l'eau et de séchages à l'étuve ; s'il s'agit, au contraire, de poudres épaisses, comme sont, par exemple, celles de l'artillerie navale et de certaines pièces d'artillerie lourde.

L'élimination du dissolvant employé pour gélatiniser le fulmicoton et le transformer en poudre B n'est jamais complète.

Le produit fini retient toujours quelques centièmes du mélange éthéro-alcoolique : c'est ce qu'on appelle, en termes techniques, « le dissolvant résiduel ». Il fut d'abord considéré comme inutile, sinon même comme gênant : mais les ingénieurs spécialistes ne tardèrent pas à s'apercevoir qu'il avait, au contraire, un rôle indispensable et rendait d'importants services au point de vue de la conservation de la poudre,parce que sa présence en assurait la stabilité chimique[1].

Ces ingénieurs ont précisé le mécanisme de son action, et découvert qu'il agissait en réduisant, au fur et à mesure de leur libération, les produits volatils normalement dégagés par suite de l'inévitable décomposition du coton-poudre.

1. Il importe de faire exactement le départ entre la stabilité chimique d'une poudre et sa stabilité balistique : les deux choses sont bien distinctes. Une poudre B a une stabilité chimique d'autant plus grande qu'elle est capable de se conserver plus longtemps sans altération, sans désintégration pouvant donner lieu à un accident ou même à un simple incident. Cette stabilité est intimement liée aux conditions d'emmagasinage, parmi lesquelles la température joue un rôle primordial. Sa stabilité balistique est d'autant plus grande qu'elle permet d'obtenir, après un temps donné de mise en service, des effets de tir (vitesse et pression) plus voisins de ceux que l'on attend d'elle. La stabilité balistique peut être sous la dépendance de la stabilité chimique, mais le rapport entre elles n'est pas absolument nécessaire. En tout cas, elles ne doivent pas être confondues.

Mais ce résidu qui, dans les poudres B du type original, était formé du seul mélange éthéro-alcoolique ayant servi à la gélatinisation, était par nature très volatil : c'est dire qu'il disparaissait en grande partie sans jouer son rôle utile de fixateur, et que le moment arrivait vite où la poudre s'en trouvait entièrement privée : celle-ci ne tardait pas, alors, à s'altérer, parce que son fulmicoton se trouvait livré, pour ainsi dire sans défense, à l'attaque des produits gazeux libérés par lui.

Ce fut, au début, la cause de nombreuses « alertes » qui faillirent un moment amener l'abandon de la poudre nouvelle dont l'instabilité chimique apparaissait rapidement; une fois sa désintégration commencée, elle devenait d'un maniement dangereux et acquérait des propriétés brisantes redoutables.

Pour empêcher l'évaporation rapide du dissolvant résiduel, c'est-à-dire, en dernière analyse, pour donner à la poudre B, préparée comme il vient d'être dit, la stabilité chimique dont elle était malheureusement dépourvue, l'idée devait logiquement venir d'accroître la quantité de dissolvant résiduel qui demeurait incluse en elle. Mais ce n'était là qu'un palliatif insuffisant, l'évaporation du mélange éthéro-alcoolique continuant à être rapide. On pensa alors à incorporer, au moment de la fabrication, un corps plus fixe, moins volatil que lui et capable par suite de « stabiliser » la poudre. Ce corps devait nécessairement répondre à trois conditions primordiales : se vaporiser avec une lenteur relative, ne pas attaquer la poudre B fabriquée, rendre inoffensifs, au fur et à mesure de leur production, les produits nitreux dégagés à l'état naissant par la lente combustion interne du fulmicoton.

Plusieurs substances sont propres à jouer ce rôle d'une façon plus ou moins parfaite : l'aniline, l'urée, la diphénylamine entre autres ; le service des Poudres crut d'abord pouvoir se passer d'eux et se contenter de recourir à l'alcool amylique, qui est un stabilisateur médiocre. Les raisons de ce choix doivent être indiquées.

L'alcool amylique est ce que les chimistes appellent « un homologue supérieur de l'alcool éthylique » : presque aussi sensible que celui-ci à l'action des produits nitreux qu'il fixe avec une énergie plus grande, il a, par ailleurs, des propriétés générales presque identiques ; mais surtout, il est beaucoup moins volatil. Il était donc vraisemblable — mais seulement vraisemblable — qu'introduit dans la poudre B il n'en modifierait pas sensiblement les qualités intrinsèques, bornant son action à en accroître, dans une certaine mesure, la stabilité chimique. De plus, il pouvait être incorporé à la poudre B au moment de sa fabrication, sans avoir à changer la technique en usage, et par simple addition au mélange éthéro-alcoolique qui détermine la gélatinisation du coton-poudre. Ce dernier avantage parut suffisant pour contrebalancer l'inconvénient qui dérive de son pouvoir stabilisant assez médiocre.

La stabilisation de la poudre B fut donc faite par l'alcool amylique et, après tâtonnement, la dose[1]

1. Les étiquettes des lots de poudre, comme celles des gargousses, portent l'indication de ce titrage, sous la forme AM_2, ou AM_8.

de cet alcool incorporée dans la pâte au moment du malaxage fut fixée à 2 % d'abord du poids total, puis portée à 8 %, pour les poudres épaisses de la marine. Nos poudres de guerre, fabriquées d'après la formule nouvelle, se révélèrent à l'usage très stables, et l'artillerie ne fit plus entendre aucune récrimination à leur sujet.

Cependant, on ne tarda pas à s'apercevoir que la solution définitive du difficile problème n'était pas encore trouvée. Un jeune ingénieur soumit la poudre B, dite « stabilisée », aux épreuves très dures qu'elle doit supporter dans la pratique, surtout à bord des navires de guerre, en escadre. Il établit ainsi que, trois fois environ plus stable que la poudre primitive, qui d'ailleurs l'était peu, elle n'avait rien de parfait. Le remplacement du stabilisateur adopté pour elle, par un produit dont la durée d'efficacité fût plus longue, s'imposait donc absolument.

Il eut beaucoup de peine à faire adopter son opinion; mais, après plusieurs années d'efforts et à la suite d'une série d' « incidents » où la poudre à l'alcool amylique révéla son instabilité, il finit par se faire écouter en haut lieu. Il établit alors de façon péremptoire qu'en modifiant du tout au tout certains détails de la technique opératoire officiellement adoptée pour la fabrication de la poudre B, et en substituant à l'alcool amylique la diphénylamine, beaucoup moins volatile et jouissant de propriétés fixatrices énergiques à l'égard des produits nitreux dégagés du fulmicoton, on obtenait une durée de stabilité dix fois plus longue que celle des poudres à l'alcool amylique.

La poudre nouvelle fut soumise à des épreuves très dures — si dures que la plus stable des poudres B se serait désintégrée dix fois avant leur achèvement. La poudre à la diphénylamine résista. Après trois ans, les échantillons soumis aux plus redoutables alternances de chaleur et de froid, d'humidité et de dessèchement, de repos et d'agitation, furent reconnus parfaitement intacts.

La formule nouvelle fut alors adoptée, et la poudre stabilisée par la diphénylamine remplace, depuis octobre 1910, celle que stabilisait mal l'alcool amylique.

Depuis cette époque, les tirs d'exercice ont permis de consommer tous les lots de vieille poudre plus ou moins défectueux dont il a été beaucoup parlé dans la Presse et à la tribune du Parlement, surtout à la suite de la catastrophe qui détruisit la *Liberté* en rade de Toulon (25 septembre 1911).

Quand la guerre a éclaté, nous possédions, dans nos manufactures et dans nos arsenaux un approvisionnement de poudre dont la qualité pouvait être tenue pour excellente, mais dont, malheureusement, les quantités étaient infiniment trop faibles pour pouvoir suffire aux besoins formidables de l'armée. Depuis le mois d'août dernier, nos poudreries [1] ont travaillé jour et nuit; elles ont été aux prises avec

1. On comprend qu'il serait « plus qu'inopportun » de donner des détails précis sur le nombre, l'outillage, le personnel et la production des établissements où la poudre B est fabriquée depuis le début de la guerre. Tout ce que l'on peut dire, c'est qu'en juillet 1915, elles fabriquaient en 44 jours, exactement, la quantité de poudre fabriquée par elles en dix ans, avant la guerre.

les difficultés les plus grandes — difficultés dont le public français ne saurait soupçonner la terrible gravité — : elles les ont surmontées, si bien qu'à l'heure actuelle, le généralissime peut agir...

*
* *

En supposant un tir d'artillerie réglé à quinze coups par minute, c'est-à-dire moins intense qu'il ne pourrait l'être si le Commandement l'ordonnait, une batterie de 75 lance, en douze minutes, 720 obus; dans le même temps, la seule artillerie de campagne d'un corps d'armée lance 21.600 projectiles.

Si on suppose que, sur le front tout entier, de la Suisse à la mer du Nord, nos pièces de campagne restent en action pendant douze minutes seulement, elles consomment 650.000 gargousses, et brûlent 455.000 kilogrammes de poudre B.

Dès lors, on conçoit, en se souvenant que la charge du 75 est de 700 grammes, combien la production quotidienne de nos poudreries doit être énorme pour être seulement suffisante.

LES EXPLOSIFS

La poudre noire et la poudre B peuvent être toutes deux considérées à l'égal de véritables produits chimiques et, par suite, rien n'empêche de parler d'elles en toute liberté comme de substances parfaitement connues dans leur fabrication, dans leurs composants et dans leurs effets balistiques. Il n'en est pas de même des explosifs auxquels notre artillerie a recours pour charger les projectiles de ses canons : une grande discrétion s'impose, surtout à l'heure actuelle, en ce qui les concerne, ou plus exactement en ce qui concerne certains d'entre eux, particulièrement employés aux besoins de notre armée. D'ailleurs, ce qui est, à proprement parler, intéressant pour tous autres que les spécialistes, ce n'est pas de connaître la nature et la composition de tous les explosifs usités à l'heure actuelle [1], ni même des principaux d'entre eux, mais uniquement de savoir pour quelles raisons et dans quelle mesure les explosifs employés en France sont supérieurs aux explosifs allemands.

1. Une semblable étude serait d'une longueur extrême et, pour être complète, formerait à elle seule la matière de plusieurs gros volumes.

LA MÉLINITE. Les obus que tirent nos différentes pièces sont chargés d'une substance bien connue, l'acide picrique, ou mélinite[1].

Cette substance découverte en 1788, n'est autre chose qu'un trinitrophénol : on la produit couramment par la nitrification du phénol, ou acide phénique, provenant des huiles distillées du goudron de houille. C'est un corps de couleur franchement jaune, très amer, composé de cristaux lamellaires et friables. Exposé à l'action directe de la chaleur, l'acide picrique fond à + 122. Si on le chauffe lentement et par petites quantités, il se sublime sans se décomposer; si, au contraire, on le chauffe brusquement, il éclate avec violence dès qu'il atteint la température de + 300. A l'état de fusion, il a une rapidité et une violence d'explosion moindres qu'à l'état solide; mais il possède alors une puissance explosive dix à douze fois supérieure.

Il fut employé d'abord sous forme de sels à base alcaline, pour la fabrication des poudres de mine : mais le picrate de potassium est trop sensible au choc pour être d'un usage vraiment pratique, sauf comme détonateur; seuls, les picrates d'ammonium et de sodium sont utilisés aujourd'hui, soit pour la préparation de certaines cartouches de mine, soit pour entrer dans la composition de diverses poudres sans fumée.

Dès 1873, Sprengel constata que l'acide picri-

1. La mélinite est employée seule ou en mélange avec d'autres explosifs, par exemple, la crésylite (composé dérivé de la réaction de l'acide nitrique sur le crésol) ou certains toluènes nitrés.

que est suffisamment riche en oxygène[1] pour constituer à lui seul un véritable explosif. Mais il ne trouva guère d'application pratique à ce point de vue qu'à la suite des travaux de Turpin qui, en 1885, proposa de l'employer pour le chargement des obus. Son explosif se compose d'acide picrique fondu, comprimé et granulé, dont chaque grain est revêtu d'une sorte de vernis obtenu en évaporant une solution de nitrocellulose dans l'éther sulfurique. Quand un projectile rempli d'acide picrique pur frappe une surface résistante, un cuirassement métallique par exemple, il s'échauffe au point de déterminer l'explosion de son contenu : aussi a-t-il paru nécessaire de modifier le point de fusion de l'acide picrique et de l'abaisser, de manière à empêcher les explosions produites sous l'influence d'un brusque échauffement de l'obus ; le projectile doit, en effet, pour avoir sa pleine efficacité, n'exploser que sous l'action de sa fusée amorçante. Le problème ainsi posé s'est trouvé résolu par l'adjonction de certaines substances nitrées, toluol, crésol, di ou trinitrobenzol, di ou trinitrocrésol, nitrobenzine, dinitronaphtaline, nitroglycérine, nitrocellulose, etc.

Le premier composé de ce genre fut la mélinite qui, en 1886, remplaça chez nous la dynamite comme explosif de guerre. Elle était formée, à l'origine, de : acide picrique, 70 parties; dinitro-

1. Sa composition centésimale est la suivante :

Azote	18,34
Oxygène	49,22
Hydrogène	1
Carbone	31,44

cellulose dissoute dans un mélange éthéro-alcoolique à parties égales : 30 parties. Elle n'est plus constituée, aujourd'hui, que par de l'acide picrique pur, additionné ou non de substances « retardatrices », et fondu à + 122, puis coulé dans l'obus dont la surface intérieure est enduite d'une couche continue d'un vernis isolant spécial.

Répétons que, pour répondre à certaines nécessités d'ordre particulier, la mélinite n'est pas employée pure dans tous nos projectiles d'artillerie. Il est inutile de donner, sur ce point, des précisions plus grandes. L'essentiel est que les Allemands puissent..... apprécier l'heureuse composition des mélanges déterminée par nos Ingénieurs des Poudres.

LES FULMINATES. Pour déterminer l'explosion à point nommé des obus que tirent nos canons, on munit chacun d'eux d'une fusée comportant une amorce détonante. Le détonateur qui est ainsi employé est, presque toujours, à base de fulminate de mercure.

Les fulminates sont les sels d'un acide fulminique qui n'existe pas en tant que produit chimique défini et isolé, et dont les spécialistes ne s'accordent pas à préciser la nature exacte. Toutefois, l'opinion généralement admise, en ce qui le concerne, tend à le considérer comme un composé oxygéné du cyanogène.

La caractéristique principale des fulminates réside dans leur sensibilité extrême à la chaleur, au choc et au frottement.

Le fulminate de mercure fut préparé, pour la

première fois en 1799 par Howard, qui l'obtint en traitant l'azotate de mercure par un mélange, en proportions définies, d'alcool et d'acide nitrique. Gay-Lussac, Berzélius, Chandelon, Liebig, Chevalier, qui l'étudièrent successivement, ont démontré qu'il est l'un des meilleurs parmi les explosifs utilisables au chargement des capsules et des amorces détonantes. Il a l'aspect de petites aiguilles cristallines formées par la réunion de cristaux microscopiques octaédriques, d'une couleur blanchâtre, tirant un peu sur le jaune. Chauffé, il explose à + 187; soumis à un choc léger ou même à un simple frottement, il détone avec violence en dégageant de l'oxyde de carbone, de l'azote et des vapeurs mercurielles qui se libèrent en produisant des effets intenses de déchirement.

En raison même de sa facilité d'explosion, le fulminate de mercure n'est jamais employé seul dans la préparation des amorces et des capsules : on l'associe à d'autres substances explosives et inflammables, telles que le soufre, le salpêtre, la poudre noire, le nitrate de potassium, le sulfure d'antimoine, etc., qui, augmentant le volume des gaz libérés par la déflagration, atténuent l'action trop brisante de l'explosion et facilitent la propagation de la flamme produite jusqu'à la charge elle-même dont elle contribue à assurer la mise de feu.

Enfin, dans certains cas spéciaux, les fulminates sont remplacés par d'autres détonateurs dans la charge des capsules et des amorces.

LA CHEDDITE. La mélinite est, en thèse générale, l'explosif employé chez nous pour le chargement des obus; mais pour les petits projectiles creux, notamment les grenades à main dont la guerre de tranchées obligé à faire une consommation énorme, on préfère avoir recours à d'autres substances, notamment à la cheddite, qui est à base de chlorate de potassium.

Les poudres chloratées ont fait l'objet d'études approfondies, depuis l'époque où, en 1785, Berthollet proposa de substituer le chlorate potassique au nitrate dans la préparation de la poudre noire, pensant donner ainsi à cette dernière le moyen de développer une forte pression initiale, tout en augmentant sa chaleur et sa vitesse de combustion. Mais la sensibilité extrême du chlorate provoqua une formidable explosion qui détruisit de fond en comble l'usine où était fabriquée la poudre de Berthollet. Cependant, des essais furent continués, et c'est ainsi que furent trouvées la poudre blanche d'Augendre (1849), les poudres de Melville (1850), de Davay (1852), de Kellow et Short (1862), etc., puis les poudres-papier de Millaud (1865 et 1874), l'explosif Divine (1881), le Prométhée de Jevler (1890), le Donnar de Fielder (1901), etc. La plupart de ces composés se sont révélés à l'usage comme présentant des inconvénients graves, soit au point de vue de la sécurité, soit à celui des résultats produits, soit à celui des difficultés ou des dangers de manipulation.

Les travaux de Strut ont accru, dans une large mesure la stabilité du mélange chloraté en le faisant absorber par un élément combustible dissous dans l'huile. Ils ont donné naissance à la cheddite qui, à l'origine, était constituée par

80 parties de chlorate de potassium, 12 parties de mononitronaphtaline et 8 parties d'huile de ricin. Plus tard, il lui fut ajouté 2 parties d'acide picrique auquel, plus tard encore, furent substituées une quantité égale de dinitrotoluène.

La cheddite a une puissance double de celle de la poudre noire, qui s'accroît en proportion de la résistance à vaincre; c'est avec elle que sont chargées les grenades à main et les pétards que nos « poilus » lancent allègrement sur les tranchées ennemies.

LES PROJECTILES

C'est, vraisemblablement, vers le milieu du XVIe siècle que l'artillerie commença à faire usage de boulets creux remplis de poudre et de mitraille de fer. Plus tard, on substitua à ces projectiles explosifs des balles de plomb enfermées dans un sac, ou arrangées symétriquement « en grappes de raisin », ou bien encore disposées autour d'une tige de bois fixée sur un plateau : les « boîtes à mitraille », successivement perfectionnées, paraissent avoir donné les résultats les plus meurtriers puisqu'à la bataille de Kesselsdorf, en 1742, chaque coup à balles d'une batterie autrichienne mit hors de combat 70 hommes. Aussi continua-t-on à utiliser ces projectiles et, lors de la guerre de 1870, notre artillerie en fit souvent usage, concurremment avec les obus proprement dits.

Ceux-ci étaient alors des sphères creuses, ou des récipients cylindro-ogivaux, en fonte de fer, munis d'un *œil* ou *lumière* par lequel on introduisait la poudre nécessaire pour briser les parois du projectile, et qu'on bouchait ensuite avec une cheville de bois nommée *fusée* qui était, elle-même, percée dans toute sa longueur ; le petit canal qui traversait la fusée était empli d'une composition d'artifice destinée à mettre feu à la charge intérieure, et allumée par les gaz de la poudre au moment du départ du coup.

Tandis que les canons lançaient des obus, les mortiers lançaient des bombes. Celles-ci étaient, elles aussi, des projectiles creux, de forme sphérique, et munis d'un œil servant à introduire la poudre. Mais la bombe différait de l'obus par ses proportions et son poids plus considérables, ce qui obligeait à la munir de deux anses, une de chaque côté de l'œil, destinées à la rendre plus maniable. En outre, elle présentait, à l'intérieur, du côté opposé à l'œil, un surcroît d'épaisseur constituant le culot, qui avait pour objet de renforcer la partie du projectile supportant toute la pression des gaz de la poudre, et, en même temps, d'empêcher que la bombe tombât sur sa fusée, car une fusée brisée était, presque à coup sûr, éteinte.

Il n'est pas sans intérêt de remarquer, à ce propos, qu'il existait à Berlin, en 1683, un mortier lançant des bombes du poids de 500 kilogs; les ancêtres des Allemands actuels aimaient déjà les choses kolossales. Au bombardement de Gênes, en 1684, on lança des projectiles de 600 kilogs; au siège de Tournai, en 1745, les Français se servirent de bombes de 18 pouces (487 millimètres), qui pesaient un peu plus de 250 kilogs. Mais, peu à peu, l'usage de ces projectiles énormes fut abandonné, en raison de la difficulté de tir des pièces qui les lançaient.

Au début de la guerre actuelle, il restait dans

nos arsenaux des quantités considérables de mortiers et de bombes de 22, 27 et 32 centimètres [1], datant de l'époque immédiatement postérieure à la guerre de 1870. Les Allemands ne se sont certainement pas réjouis quand ils ont reçu dans leurs tranchées ces vieux projectiles que l'on croyait désormais inutilisables et qui ont, cependant, fait en maintes circonstances d'excellente besogne... à tel point que nous en avons fabriqué de nouveaux, et que nous en lançons toujours, après les avoir chargés d'explosifs modernes, puis armés de fusées percutantes tout à fait perfectionnées.

— Tant il est vrai qu'en matière d'artillerie, il ne faut jamais proclamer « irrémédiablement vieilli » un matériel quelconque, fût-il absolument démodé.

LES PROJECTILES MODERNES.

En thèse générale, et exception faite des projectiles d'anciens modèles constituant le stock des arsenaux, nos pièces, quels que soient leurs calibres, tirent des obus explosifs et des obus à balles, ou shrapnells [2].

OBUS EXPLOSIFS.

Les obus explosifs agissent à la fois par les éclats de métal qu'ils projettent en tous sens, et par le formidable ébranlement d'air que leur explosion même détermine; accessoirement, ils éparpillent de tous côtés les

1. Ces bombes pèsent, respectivement, 22, 50 et 74 kilogrammes.
2. Le shrapnell est ainsi appelé, du nom d'un colonel anglais qui servait en Espagne contre Napoléon Ier, et qui imagina de mêler des balles de fonte à la poudre contenue dans les bombes des mortiers.

cailloux, les débris de cuirassement et de poutres, en un mot tous les matériaux résistants qui existent à leur point de chute et dont chacun, animé d'une vitesse initiale considérable, constitue en quelque sorte un nouveau projectile.

A la suite d'études méthodiques dont les détails, non plus que les résultats précis, ne sauraient être exposés ici, les spécialistes sont arrivés à déterminer avec une exactitude presque rigoureuse le nombre, la vitesse et la direction des éclats projetés. C'est ainsi, par exemple, que l'obus explosif de notre 75 de campagne se rompt en plus de 2.000 morceaux, aux bords taillés en biseau, et dont beaucoup sont de volume très minime, mais dont la force de projection est extrême : à 30 et 40 mètres, les plus petits de ces éclats sont encore animés d'une vitesse si grande qu'ils déterminent des lésions excessivement graves. C'est ainsi que, parfois, on trouve des hommes tués à la place et dans la position qu'ils occupaient au moment où ils ont été frappés, mais ne présentant pas de blessure apparente : tout au plus une légère érosion cutanée permet-elle, dans ce cas, de déceler l'orifice d'entrée d'un tout petit éclat qu'on retrouve, lors de l'autopsie, logé dans l'aorte, dans la moëlle, dans le cerveau, dans les profondeurs des organes thoracoabdominaux où ils ont déterminé des hémorragies foudroyantes.

En même temps, les gaz dégagés en grandes masses exercent, sur les couches d'air situées aux abords immédiats du point où l'obus explose, une compression énorme, instantanément suivie d'une dépression compensatrice, soumettant ainsi aux plus effroyables désordres l'organisme des individus qui se trouvent dans la zone atmosphérique ainsi bouleversée. Il se produit en eux des phénomènes analogues à ceux qui provoquent la mort des plongeurs soumis à une décompression brusque, par suite d'une remontée trop rapide : des chapelets de bulles d'air encombrent les artérioles, paralysent d'un coup toute la circulation sanguine et déterminent des asphyxies instantanées.

Quand ils arrivent avec une force vive considérable sur des obstacles résistants (murs, épaulements de terre, cuirassements métalliques), les obus explosifs éclatent après les avoir pénétrés. Ils agissent alors à la manière de véritables fourneaux de mine : les effets destructifs qu'ils produisent dépendent de la nature et du poids de leur charge intérieure, ainsi que de la nature du milieu dans lequel ils ont pénétré et de la profondeur même de cette pénétration.

« Les anciens obus ordinaires, en fonte, à parois épaisses, chargés en poudre noire, de trois calibres de longueur seulement, remuaient environ 2 mètres cubes de terre par kilogramme de charge intérieure. L'emploi d'obus allongés, de 4,5 calibres, à parois d'acier relativement minces, et chargés en mélinite, a augmenté ces effets dans des proportions énormes. On admet généralement que, dans les terres, 1 kilogr. de mélinite produit le même effet que 1 kilogr. 5 à 2 kilogr. de poudre noire. Dans ces conditions, l'obus à mélinite de 80 chargé d'environ 1500 gr. d'explosif, équivaut à un fourneau de 2 kilogr. 500 de poudre noire ;

						De poudre noire
Celui de	90	chargé de	2kg	de mélinite équivaut	à un fourneau de	3kg
—	94	—	2kg500	—	—	4kg
—	120	—	6kg	—	—	10kg
—	155	—	14kg	—	—	22kg
—	220	—	36kg	—	—	55kg

« Les effets croissent donc rapidement avec le calibre : ... un obus à mélinite de 220, éclatant sous une couche de terre de 4 mètres d'épaisseur, a produit un entonnoir de plus de 25 mètres cubes, soulevant les terres à 20 mètres de hauteur et les dispersant à 70 mètres environ du centre de l'explosion. Mais, quelle que soit la charge intérieure des obus, les effets des explosions successives ne s'ajoutent pas les uns aux autres, parce que les terres dispersées par un nouveau coup recomblent en partie les entonnoirs des coups qui précèdent. C'est ce qui explique pourquoi, avec les projectiles de petit calibre de l'artillerie de campagne, l'obstacle en terre est difficile à ruiner et exige une énorme consommation de munitions [1]. Pour agir efficacement contre les terrassements, il faut de gros projectiles, contenant un grand poids d'explosif, afin que le déblaiement cherché puisse être produit, pour ainsi dire, d'un seul coup [2]. »

SHRAPNELLS. Les effets de bouleversement sont impossibles à obtenir avec les obus à balles, ou shrapnells, que tirent les canons de

1. L'obus à mélinite du canon de campagne produit, dans les meilleures conditions, un entonnoir de 2 mètres de diamètre et de 0m,50 de profondeur. On estime qu'une pièce de 75 a besoin de placer au but dix obus à la mélinite par mètre courant pour déraser un parapet en terre de 3 mètres d'épaisseur et 2m,30 de hauteur.

2. Commandants Girardon et de Lagabbe, *Leçons d'artillerie*, p. 290.

campagne, et dont la charge intérieure est beaucoup plus faible que celle des obus explosifs. A proprement parler, du reste, ces obus n'éclatent pas : sous l'influence de la déflagration de leur charge intérieure, leur ogive[1] se sépare[2] et les balles qu'ils contiennent sont éparpillées en une gerbe meurtrière. En somme, le shrapnell moderne n'est pas une boîte à mitraille, mais un véritable petit canon qui, arrivé au but, enflamme sa charge propre et projette sur l'ennemi ses propres projectiles[3].

Aussi emploie-t-on exclusivement les shrapnells contre le personnel, et surtout contre les troupes à découvert, dans les rangs desquelles leur balles en plomb antimonieux exercent les plus grands ravages.

Chaque projectile contenu dans l'obus se dirige suivant une trajectoire qui lui est propre, et l'ensemble de toutes leurs trajectoires forme ce qu'on appelle « la gerbe d'éclatement » : suivant que celle-ci est plus ou moins large, le terrain est plus ou moins bien « battu ». Sans vouloir donner à ce

1. Tandis que l'obus explosif moderne est un projectile en acier forgé « d'une seule pièce », le shrapnell comporte un corps et une ogive vissée, sur laquelle se place la fusée.

2. Le shrapnell est chargé de poudre noire, dont l'inflammation est relativement lente et, par conséquent, ne saurait suffire à briser le corps d'obus; mais, en brûlant, cette poudre dégage une chaleur suffisante pour provoquer une faible dilatation du corps d'obus, ce qui suffit à favoriser le « lâchage » du pas de vis par lequel l'ogive est maintenue en place.

3. Par suite, ceux-ci sont animés, d'abord de la vitesse qui animait le shrapnell lui-même, ensuite de ce qu'on pourrait appeler « une vitesse complémentaire », qui est de 100 mètres environ à la seconde pour le shrapnell de notre 75, et qui leur est imprimée par la déflagration de la charge contenue dans le projectile. Si un shrapnell arrive au but avec une vitesse restante de 250 mètres à la seconde, ses balles sont elles-mêmes projetées à la vitesse de 350 mètres à la seconde — soit 1.260 kilomètres à l'heure.

sujet les moindres précisions, il est permis de constater que les différents obus à balles dont se sert l'artillerie française, et surtout ceux de son « tout dernier modèle », se sont révélés, au cours de la guerre actuelle, nettement supérieurs aux obus allemands qui leur sont comparables, notamment, en ce qui concerne l'extraordinaire perfection avec laquelle chacun d'eux « bat » le terrain où se projette sa gerbe d'éclatement.

BOITES A MITRAILLE. Quand il s'agit seulement de tirer à courte distance sur des troupes s'avançant en formations serrées, on emploie parfois des « boîtes à mitraille[1], qui ne contiennent que des petits projectiles, sans explosifs de charge. Leur paroi est assez mince pour se déchirer d'elle-même aussitôt la sortie du canon. Mais il est facile de comprendre que ce déchirement ne se fait pas sans absorber une partie notable de la vitesse initiale dont les projectiles intérieurs sont animés : aussi le tir à mitraille est-il toujours un tir à très courte portée.

GRENADES. Il est nécessaire de rappeler que, pour les besoins spéciaux de la guerre de tranchées, nos troupes font actuellement un très grand usage de petits projectiles creux lancés, soit à la main, soit au moyen d'engins divers : ces grenades, que l'on croyait bien ne plus jamais devoir être employées à la guerre, rendent, au contraire, les plus grands services.

1. Le 75 de campagne ne tire pas de boîtes à mitraille; il n'en a pas d'ailleurs besoin : son shrapnell suffit à toutes les besognes!

Ce sont — dans leur forme classique tout au moins — des globes de fer de 8 centimètres de diamètre, qui pèsent vides 1 kilog. environ et renferment une charge de 100 à 150 grammes d'un explosif puissant[1]. Elles sont armées d'une petite fusée formée d'une forte étoupille montée dans un tampon de bois. Des hommes exercés les lancent aisément à 25 mètres et jusqu'à 100 mètres, en s'aidant d'une sorte de fronde.

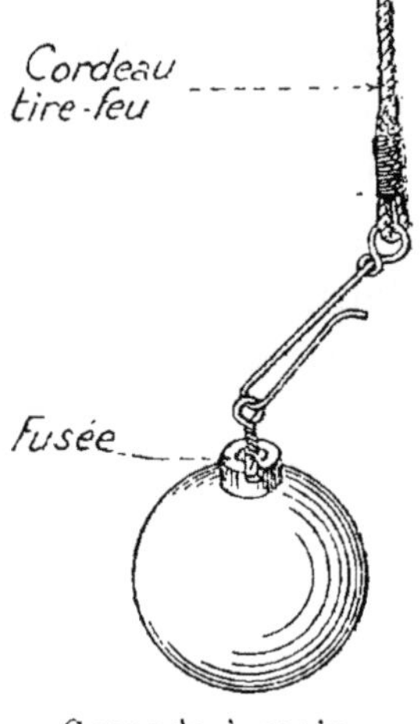

Grenade à main.

A côté des grenades sphériques, il en est d'autres, beaucoup plus perfectionnées et de formes différentes, qui comportent, par exemple, une sorte d'empennage assurant leur direction, et un manche flexible facilitant leur lancement. Il ne convient pas de donner, sur leur « anatomie », des détails trop exacts : qu'il suffise de dire que les Allemands ont les meilleures raisons du monde d'en avoir grand'peur.

TORPILLES, ET MINES AÉRIENNES. Pour bouleverser de fond en comble les retranchements ennemis, on fait usage de torpilles, ou de mines aériennes, que lancent des mortiers spéciaux. Ce sont, essentiellement, des masses de fulmicoton.....

1. Nos grenades modernes sont chargées, soit avec des poudres chloratées, plus ou moins voisines du type cheddite, soit avec des dérivés du trinitrotoluol, notamment le trotyl. Celui-ci est un corps cristallisé, compact, d'aspect brillant, de couleur jaunâtre, qui a une force brisante très comparable à celle de l'acide picrique.

ou d'un autre explosif dont il n'est pas possible d'indiquer le nom, enfermées dans une enveloppe mince et munies d'un détonateur.

Depuis quelque temps, les Allemands envoient dans nos lignes des torpilles aériennes qui furent inventées en 1900 par le major suédois Unge, et qu'en raison de leur forme, nos « poilus » appellent irrévérencieusement des saucisses. Ce sont des obus cylindro-coniques très allongés dont la cavité interne est divisée en deux compartiments inégaux par une cloison perpendiculaire à leur grand axe. Le compartiment antérieur reçoit la charge explosive, le second une quantité de poudre calculée pour assurer la rotation et la progression de l'engin sur lui-même : un culot, qui leste la partie postérieure est percé d'une série de canaux à direction hélicoïdale à travers lesquels s'échappent les gaz produits par la combustion de cette poudre et dont l'ensemble joue à peu près le rôle d'une turbine progressive en déterminant la rotation du projectile sur lui-même. A l'avant, l'explosif de charge est armé d'une fusée à double effet. Lancée par un minenwerfer ou par un petit mortier qui lui donne sa direction initiale, la saucisse s'en va porter très loin sa charge explosive. Peut-être est-ce avec elle que furent effectuée certains bombardements à grande distance que l'on a mis sur le compte de mortiers de 420.

A la torpille aérienne des Allemands, nous n'opposons pas d'engins similaires. — Nous avons beaucoup mieux à tous les égards; c'est tout ce qu'il est possible de dire sur ce sujet où les moindres indiscrétions seraient criminelles. Qu'il suffise de savoir que *nos* torpilles aériennes sont une arme à la fois, formidable, précise, et toujours indéréglable, à laquelle notre État-major se plaît à accorder une confiance indiscutablement méritée.

PROJECTILES SPÉCIAUX. Enfin, nos batteries de divers calibres ont encore à leur disposition des projectiles spéciaux qu'elles utilisent en certaines circonstances. C'est ainsi que, parfois, pour constater avec exactitude les points de chute des premiers obus tirés, on fait usage d'obus à fumée dont la charge intérieure comporte, avec une quantité relativement faible d'explosifs, une dose convenable de substance fumigène. C'est également ainsi que nous possédons dans nos approvisionnements d'excellents obus incendiaires, des obus éclairants, et même une réserve considérable..... d'autres obus qui permettront au Commandement de tendre, le jour où il le voudra, des barrages de gaz asphyxiants en avant de nos lignes.

LA FUSÉE DES OBUS. Au moment où la charge de poudre déflagre dans l'âme du canon, le projectile est violemment lancé en avant : la ceinture de cuivre qui l'entoure à la base, se moule aussitôt dans le creux des rayures et le mouvement initial de simple projection rectiligne se trouve, pour ainsi dire, doublé, complété, par un mouvement de rotation. Aussi, dès sa sortie de la bouche à feu, l'obus progresse-t-il dans l'air, non pas à la façon d'une pierre jetée, mais à la manière d'un tire-bouchon qui se visse dans du liège.

Le passage de l'état de repos à l'état de mouvement rectiligne, immédiatement transformé en mouvement hélicoïdal, implique un choc violent qui, par les parois du projectile, se transmet à la charge explosive : celle-ci doit lui demeurer rigoureusement insensible, sous peine de provoquer l'éclatement du projectile dans l'âme même de la pièce. Il s'ensuit que la première condition à laquelle doit satisfaire un explosif de guerre, c'est d'être insensible au choc.

Dès lors, on conçoit que, si l'obus n'éclate pas au départ, il ne saurait davantage éclater au but, sous la seule action du choc qui accompagne son arrêt brusque sur un obstacle résistant. Il faut donc, de toute nécessité combiner à son usage un dispositif susceptible de provoquer, en temps voulu, son éclatement.

LA FUSÉE DÉMAREST. En 1858, le capitaine d'artillerie Démarest imagina la fusée qui porte son nom et qui arme encore, à titre exceptionnel, d'ailleurs, les projectiles de certains canons, ceux de 12 culasse par exemple. Vissée dans la lumière de l'obus, elle se compose essentiellement d'un tampon *a* qui s'enfonce sous l'influence du choc éprouvé par le projectile arrivant sur un obstacle, et repousse le rugueux *m* contre l'amorce fulminante *q* : il jaillit aussitôt une flamme qui se communique à la charge à travers le canal *f*. La fusée est recouverte à sa partie supérieure d'une plaque de sûreté *o* maintenue en place par un fil de laiton que le servant arrache au moment de charger la pièce : grâce à cette plaque, aucune explosion n'est à craindre si la fusée non décoiffée vient à heurter accidentellement le sol, par suite d'une chute ou d'un cahot dans le canon.

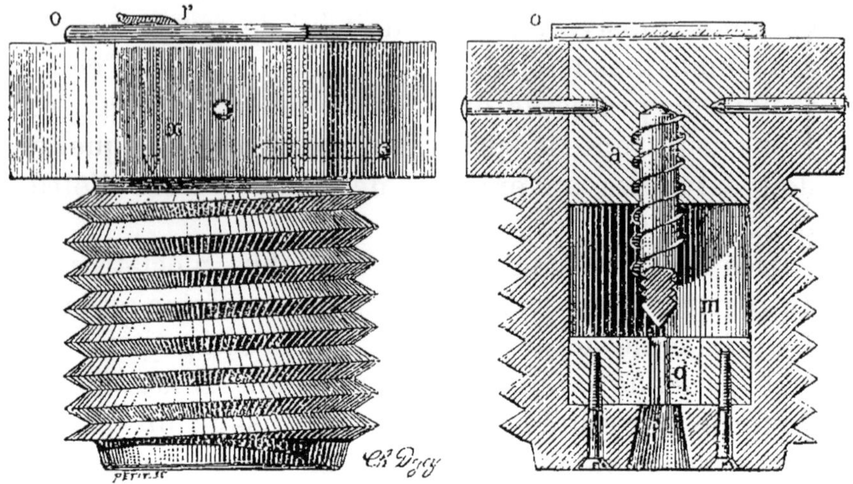

Fusée Demarest.

LA FUSÉE FUSANTE. En 1875, fut inventée la fusée fusante, qui permet de déterminer l'explosion de l'obus à l'instant précis que l'on désire. Un corps en bois A, est terminé par une tête tronconique B, et traversé suivant son axe par un tube en laiton C, de $9^{m}/_{m}$ de diamètre, empli d'une composition fusante. L'amorce est fixée en D, dans la tête de fusée. La composition fusante brûle en 24 secondes. A l'intérieur, le corps de fusée porte des traits circulaires, dont chacun correspond à une durée de combustion d'une seconde. Avant d'introduire la

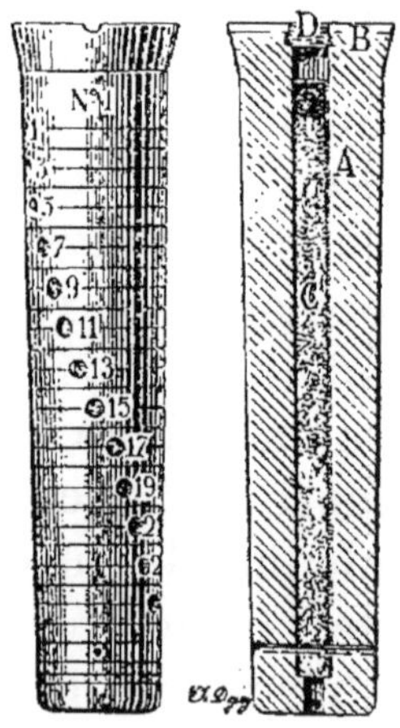

Fusée fusante.

fusée dans l'œil du projectile, le servant la perce avec un poinçon à la hauteur de l'un des traits. La charge de la pièce, en brûlant, enflamme la composition fusante à travers le trou ou évent ainsi percé, et l'amorce prend feu au bout du nombre de secondes prévues.

Cette fusée ne peut évidemment pas être employée pour armer les projectiles que tirent les canons rayés, et dont la ceinture produit une obturation complète, en empêchant les gaz de la charge de passer en avant de l'obus [1]. Néanmoins il n'était pas sans intérêt de la décrire sommairement, ainsi du reste, que la fusée Démarest, en raison des deux principes sur lesquels l'une et l'autre sont conçues, celui du « débouchage des évents » et celui de l'inflammation de l'amorce par choc percutant.

LA FUSÉE BUDIN. La fusée Budin, adoptée en 1875 pour les canons de campagne, se compose d'un corps en bronze A dont la tête B, de forme tronconique, prolonge en quelque sorte l'ogive du projectile, offrant ainsi à la progression dans l'air une résistance aussi faible que possible. La tête et le corps sont traversés par un canal C, le canal du percuteur, dans lequel se visse un bouchon fileté E. Le canal du percuteur est continué par un canal de moindre diamètre, D, qui se prolonge jusqu'au bas du corps de fusée. Le porte-amorce *a*, qui repose sur une rondelle de carton *b*, comporte deux chambres : l'une, supérieure, rem-

1. S'il en était autrement, la bouche à feu serait rapidement mise hors de service, en raison des érosions de parois qui ne manqueraient pas de se produire dès les premiers coups tirés.

plie de fulminate de mercure, l'autre, inférieure, remplie de poudre noire. Une masselotte en bronze, *q*, emboîte la partie supérieure du porte-amorce et le maintient à distance de la pointe *p* du rugueux.

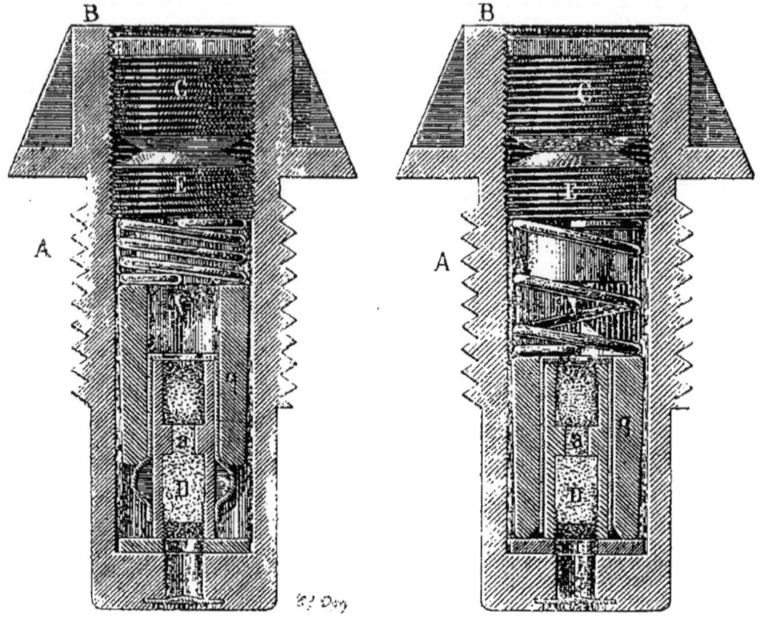

Fusée Budin.

Quand le coup part, l'impulsion déterminée par l'inflammation de la gargousse provoque, par inertie, le recul de la masselotte, qui vient toucher la rondelle de carton *b*. Le percuteur est alors armé, et, dès que le projectile touche le sol en arrivant au but, le fulminate se heurte à la pointe *p* du rugueux : il détone et enflamme la poudre contenue dans la chambre inférieure du porte-amorce qui, à son tour, enflamme la charge de l'obus. Pour provoquer le recul de la masselotte et, par conséquent, pour armer le percuteur, il faut un choc violent que la chute d'un obus sur le sol, au cours des opérations de chargement de la pièce [1] est impuissant à produire : c'est là une sérieuse garantie de sécurité.

LA FUSÉE PERCUTANTE MODERNE.

La fusée percutante qui arme les obus explosifs modernes, procède du principe sur lequel a été conçue la fusée Budin. Le choc au départ projette en avant, par un effet d'inertie, une masselotte mobile dans le cylindre qui constitue le corps de fusée et maintenue en place, au repos, par deux ressorts faibles : elle porte sur sa tête une amorce au fulminate de mercure. Quand le projectile subit dans sa course un ralentissement, il se produit un nouvel effet d'inertie qui amène l'amorce au contact d'une pointe, le rugueux. Le fulminate explose aussitôt et enflamme une masse de poudre noire placée à son contact qui, à son tour, fait déflagrer l'explosif constituant la charge du projectile.

Mais, pour que l'obus ait son maximum d'efficacité, il faut qu'il n'éclate pas au contact de la paroi même de l'obstacle à démolir : aussi un dispositif simple retarde-t-il l'inflammation de sa charge. Il consiste à visser dans l'œil du projectile une petite gaine métallique — la gaine porte-retard — qui contient de la mélinite pulvérulente ; cette mélinite, enflammée par l'amorce, détone d'abord et met feu ensuite à l'explosif de charge. Il s'ensuit un retard de quelques centièmes de seconde dans

1. Une chute de 30 mètres de hauteur est impuissante à armer le percuteur de la fusée.

l'explosion, retard qui donne à l'obus le temps de pénétrer l'obstacle contre lequel il est lancé.

LA FUSÉE A DOUBLE EFFET. En principe, la fusée fusante est destinée à armer l'obus à balles ou shrapnell, tandis que la fusée percutante est réservée à l'obus explosif. Mais, pour que le shrapnell donne tous les résultats attendus de son emploi, et tout spécialement pour que la mise de feu de sa charge soit faite sans ratés possibles, il est utile de le munir d'une fusée complexe, permettant de mettre feu, soit à un point nommé de sa trajectoire, soit au moment où il arrive au but.

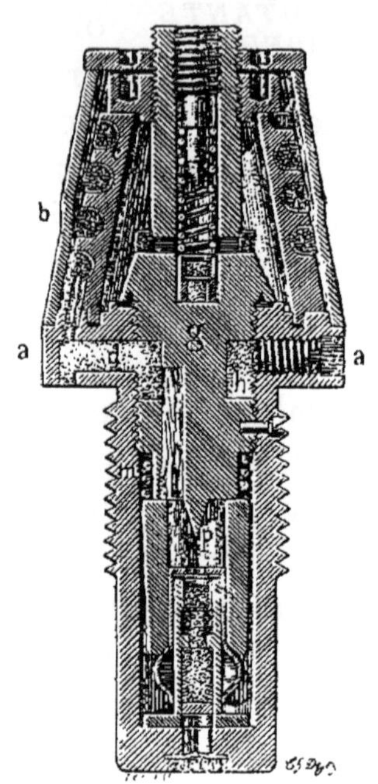

Fusée à double effet.

La fusée à double effet, dont le corps est en bronze, est à la fois percutante et fusante. Le corps se termine, à la partie supérieure, par un plateau *a*, servant d'appui au chapeau mobile *b*, et au barillet *c*, de forme tronconique; le plateau porte une graduation de 0 à 10, servant au réglage de la fusée. Un canal horizontal, *d*, percé dans l'épaisseur de ce plateau relie l'appareil fusant à l'appareil percutant. A l'intérieur, le corps de fusée est analogue à celui de la fusée Budin. Dans la partie moyenne, la tige-bouchon *g* a son filetage interrompu par une gorge circulaire, *h*, qui correspond à la chambre de poudre *d*, remplie de poudre noire en grains menus. Cette gorge communique avec le canal percutant par trois petits canaux verticaux *m*, chargés avec des brins de mêche à étoupille, qui débouchent autour du rugueux *p*. Le barillet *c*, qui est en métal mou, porte le tube fusant, en plomb, dont le diamètre (4 $^{m}/_{m}$) est combiné de manière à ce que le pulvérin tassé dont il est empli brûle exactement avec une vitesse connue et toujours égale (13 $^{m}/_{m}$ par seconde). Après avoir été étiré, ce tube est coupé en plusieurs morceaux dont chacun est enroulé sur le barillet. Le chapeau mobile *b* est en laiton, et percé de 22 trous dont 21 sont numérotés de 0 à 20 : la position de ces trous a été déterminée par l'expérience, de telle sorte qu'ils correspondent aux durées de combustion de 1 à 20 secondes; le 22e trou sert à l'écoulement des gaz.

La fusée à double effet peut servir, sans modification ni préparation, au tir percutant, suivant le mécanisme qui a été expliqué à propos de la fusée Budin. Pour la faire servir au tir fusant, il suffit d'en effectuer le réglage. Dans ce but, on s'assure d'abord que les traits 0 de l'évent et de la graduation du plateau coïncident exactement, puis, au moyen d'un déboucholr à vrille, on perce l'évent qui correspond au temps désiré : si par exemple, on veut que l'obus éclate au bout de 10 secondes, on débouche l'évent n° 10. Au moment du départ de l'obus, la composition fusante commence à brûler; elle communique le feu à la charge intérieure du projectile, à l'instant précis où la flamme arrive à l'évent débouché.

LA FUSÉE MODERNE A DOUBLE EFFET. Les fusées modernes à double effet, qui arment les projectiles de nos pièces actuellement en service, sont conçues sur un principe très analogue : un petit dispositif intérieur, le concuteur, agissant par inertie au départ du coup, frappe une amorce qui enflamme une rondelle de poudre comprimée, dont la flamme, s'échappant par l'évent débouché, allume le tube fusant. Celui-ci, qui est enroulé en spirale dans la tête de la fusée, brûle, avec une vitesse constante de 12 $^m/_m$ à la seconde, et provoque l'inflammation de la charge intérieure, au bout d'un temps plus ou moins long, qui dépend de la longueur du tube qui a brûlé, c'est-à-dire de l'endroit où l'évent a été débouché. D'autre part, une pièce mobile portant une amorce est maintenue par un ressort (indiqué en coupe, à la partie inférieure de la figure) à quelque distance d'une petite masselotte. Au départ du coup, celle-ci reste en arrière, par suite d'un phénomène simple d'inertie et s'accroche dans les stries du porte-amorce : l'obus est alors armé, et prêt à exploser dès qu'il rencontre un obstacle.

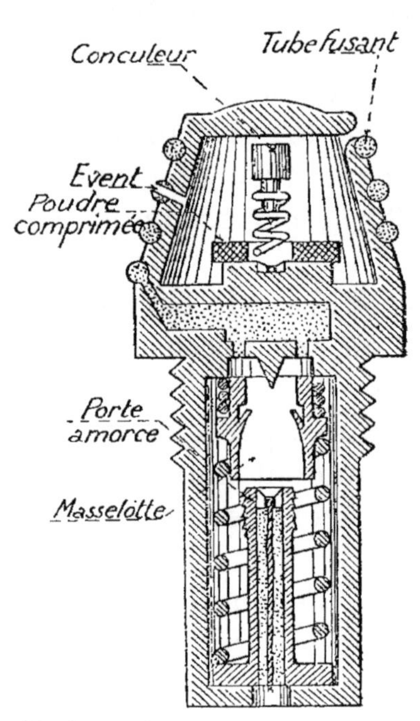

Fusée moderne à double effet.

Ainsi l'obus, dont la fusée a l'un de ses évents débouchés, de manière à ce que l'explosion se produise à une distance déterminée, est, par surcroît, armé au départ du coup, de façon à ce que son amorce déflagre aussitôt que l'arrêt brusque du projectile, mettant en jeu un nouveau phénomène d'inertie amène la masselotte au contact de l'amorce détonante[1].

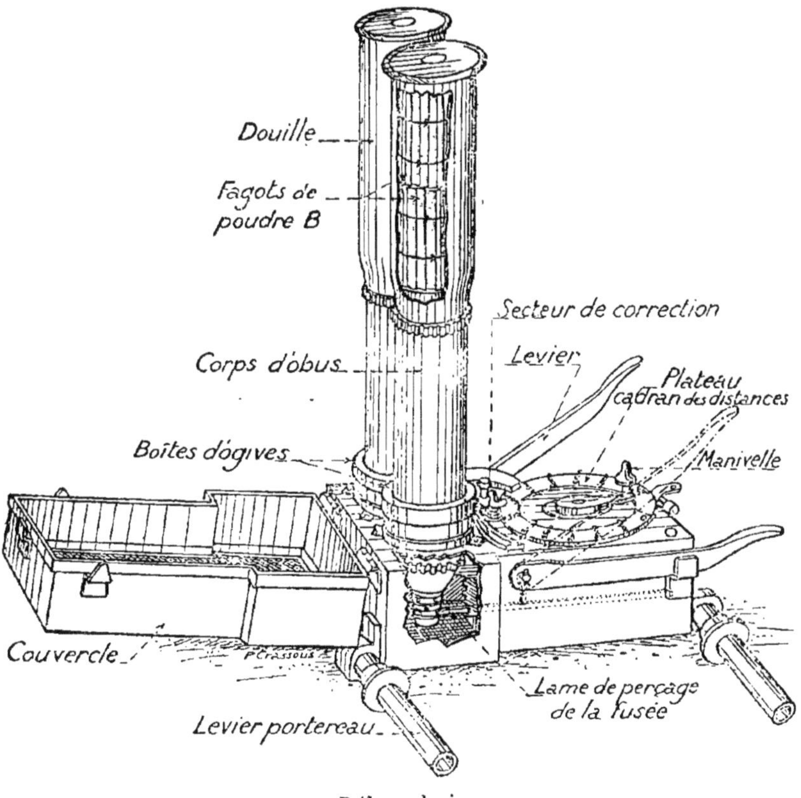

Débouchoir.

1. Il n'est pas nécessaire, pour que l'obus éclate, qu'il tombe sur sa pointe et, par conséquent sur sa fusée. Il suffit que, pour une cause quelconque, il subisse un ralentissement brusque, par exemple en traversant un obstacle, mur, branche d'arbre, parapet, etc...

LE DÉBOUCHOIR. Nos pièces françaises modernes ont à leur disposition un appareil, le débouchoir, qui permet d'ouvrir avec une précision absolue, avec une rapidité extrême, et sans aucun tâtonnement, l'évent de la fusée du projectile choisi, pour produire l'éclatement au point voulu de la trajectoire, au bout d'un temps, ou plus exactement au bout d'une durée de trajet déterminé.

Le débouchoir se compose essentiellement de deux ogives qui reproduisent en creux la surface extérieure de la pointe de l'obus, et d'une manivelle qui a un double rôle : commander un cadran dont la graduation passe devant un trait de repère, et amener la rotation des deux ogives. Deux poinçons, que fait agir un levier, percent les fusées au point exact qui permet d'obtenir l'éclatement à la distance indiquée par le cadran.

TIR PERCUTANT ET TIR FUSANT. Les tirs que l'artillerie exécute sont dits *percutants* ou *fusants*, suivant la façon dont est provoqué l'éclatement du projectile.

Le premier, tir percutant, est employé surtout pour démolir les épaulements, les maçonneries ou les cuirassements, pour détruire le matériel de l'artillerie adverse, ou encore pour atteindre un ennemi abrité. Il est fait avec les obus explosifs, chargés de mélinite, de crésylite-mélinite, de trinitrotoluène, ou de tout autre explosif « brisant ». Il comporte l'emploi de projectiles armés de fusées percutantes, c'est-à-dire de fusées qui fonctionnent exclusivement au contact d'un obstacle résistant.

Le second, tir fusant, est employé contre le personnel à découvert, ou faiblement abrité. Il est fait avec les boîtes à mitraille et surtout avec les obus à balles ou shrapnells, et comporte l'emploi de projectiles armés de fusées à double effet qui, en raison du débouchage d'un évent convenablement choisi, les font éclater en l'air, à un point déterminé de leur trajectoire, ou plus exactement après une durée de trajet déterminée.

Quand un obus explosif muni d'une fusée percutante porte-retard arrive à toucher, sous un angle faible, un sol résistant, il ricoche, et son éclatement se produit seulement, au cours de sa nouvelle trajectoire, lorsque sa fusée a fonctionné et mis le feu à la charge. Grâce à ce « retard à l'éclatement », l'explosion se produit, non au ras du sol (ce qui aurait pour effet de rendre pratiquement inutile une partie des éclats projetés), mais en l'air, à dix ou douze mètres de hauteur environ.

Quand un shrapnell est employé pour le tir fusant, le débouchage d'un évent convenablement choisi provoque son explosion au moment où il va arriver à son point de chute. Quand il est employé pour le tir percutant, c'est-à-dire quand, aucun évent n'ayant été débouché, le mécanisme percuteur fonctionne seul, il tombe, ricoche et éclate à peu de distance du sol, au cours de sa trajectoire de ricochet. Avec nos fusées à double effet réglementaires, cette seconde trajectoire est courte, et le shrapnell explose à 2 mètres environ du sol, et relativement près de son point de chute : il en résulte des effets de destruction terribles qui fauchent littéralement les hommes et les chevaux existant dans un rayon relativement assez considérable.

En mai 1914, on a fait, dans une ou deux batteries de quelques-uns de nos régiments, des essais de tir avec un obus à la mélinite muni d'une fusée nouvelle. Ces essais sont restés ignorés du grand public et, parmi les artilleurs eux-mêmes, les résultats obtenus par eux ont passé pour n'avoir pas été pleinement concluants.

Cependant, rien ne s'oppose à ce que *maintenant* on dise à leur sujet toute la réconfortante vérité. Bien loin de n'avoir pas été concluants, ces essais ont établi qu'à n'en pas douter nous étions désormais en possession d'une arme de puissance extraordinaire. Sans entrer à ce sujet dans trop de détails, on peut dire simplement que, grâce à l'invention nouvelle, notre artillerie s'est trouvée pourvue d'un projectile explosant *toujours* à $1^m,50$ environ du sol, après avoir *très peu* ricoché, et fournissant une gerbe d'éclat très dense et très régulière, en même temps qu'un ébranlement d'air formidable et terriblement dévastateur. Ce n'est pas le lieu d'exposer ici le « mécanisme » suivant lequel se produit cette explosion de nature particulière « que ne donne, à l'heure actuelle, aucun projectile d'aucun canon en service dans aucune armée étrangère ». Ce qui doit être retenu en ce qui la concerne, c'est que *tous les individus, sans exception,* qui se trouvent dans un rayon de 30 à 40 mètres du point de chute d'un de ces obus nouveaux sont rigoureusement condamnés à mort, soit par blessure directe, soit par éclatement d'organes profonds, soit par asphyxie immédiate.

Comme la construction même de notre 75 permet « l'arrosage » méthodique des points occupés par l'ennemi, arrosage effectué par des chutes successives d'obus de 25 en 25 mètres, dans tous les sens, à raison de 20 par minute, *rien n'échappe à la destruction qu'ils sèment.*

Malheureusement, quand la guerre a éclaté, nous avions très peu de ces obus, à peine de quoi approvisionner chichement trois ou quatre batteries par corps d'armée. Les crédits (!!) et le temps (???) avaient manqué pour faire mieux...

— Mais cela, c'est le passé. Les responsabilités seront établies plus tard, s'il y a lieu. Ce qu'il faut, aujourd'hui, dire bien haut, et ce qui est profondément rassurant, c'est que, grâce à la guerre temporisatrice des tranchées et grâce à l'admirable élan du pays, nos fonderies nationales et notre industrie privée travaillent à constituer un stock important de munitions excellentes qui assure à notre artillerie un énorme approvisionnement.

LES OBUS DE NOS CANONS. A chacun des modèles de canons en service, à l'heure actuelle, dans notre armée, correspondent des types différents de projectiles.

NOTRE 75. Quelle que soit la perfection mécanique de notre canon de campagne, il n'aurait pas conquis sur le champ de bataille sa glorieuse notoriété si les obus qu'il lance n'avaient eux-mêmes une puissance inégalable.

Notre 75 tire deux sortes de projectiles : un obus explosif (dit obus à mélinite) et un obus à balles, ou shrapnell.

L'obus explosif, qui est en acier embouti d'une seule pièce, pèse 5 kilog. 300 : il est chargé de 830 grammes d'un mélange fondu et non comprimé de crésylite (60 %) et de mélinite (40 %). La mise en feu est assurée par une charge de mélinite pulvérulente dans laquelle plonge une gaine fermée à sa partie inférieure et contenant la fusée percutante, muni d'un dispositif porte-retard.

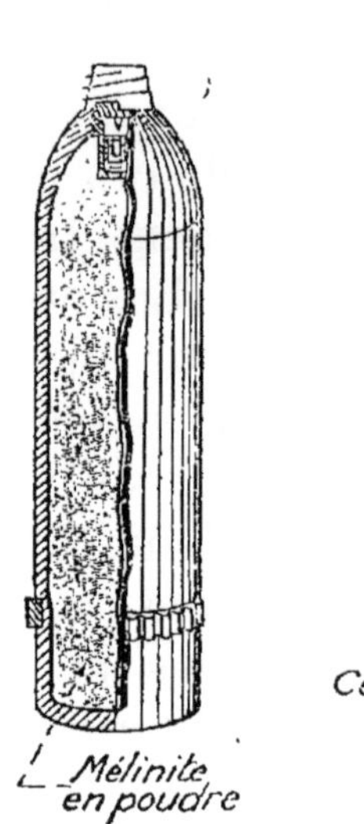

L'obus explosif.

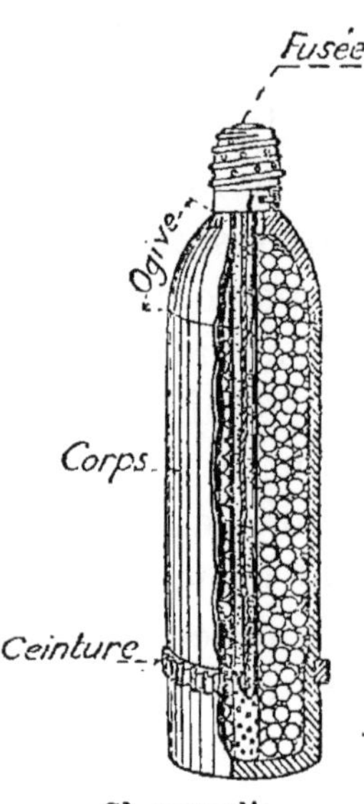

Shrapnell.

Le shrapnell [1] est également en acier et comporte une ogive vissée sur le corps d'obus : il pèse 7 kilog. 250 et contient 300 balles de 12 grammes, en plomb durci par l'antimoine, disposées en couches successives et mélangées à 500 grammes de poudre noire. Une couche de salpêtre recouvre et « tasse » le chargement, en même temps qu'elle empêche sa combustion de se produire par l'avant du projectile. La mise de feu est assurée par une mèche à étoupille, logée dans un tube en laiton qui traverse longitudinalement tout l'obus : ce tube est percé, à sa partie supérieure, au niveau de la ceinture, d'une

1. Il existe, dans les diverses artilleries, de nombreux types de shrapnells : celui de notre 75 est « l'obus Robin ».

série de trous à travers lesquels la flamme de l'étoupille se communique à la charge. Le shrapnell du 75 est armé d'une fusée à double effet dont le mécanisme percutant est muni d'un dispositif porte-retard.

Les projectiles du 75 [1] sont transportés dans un caisson, dont la construction est caractéristique. Il

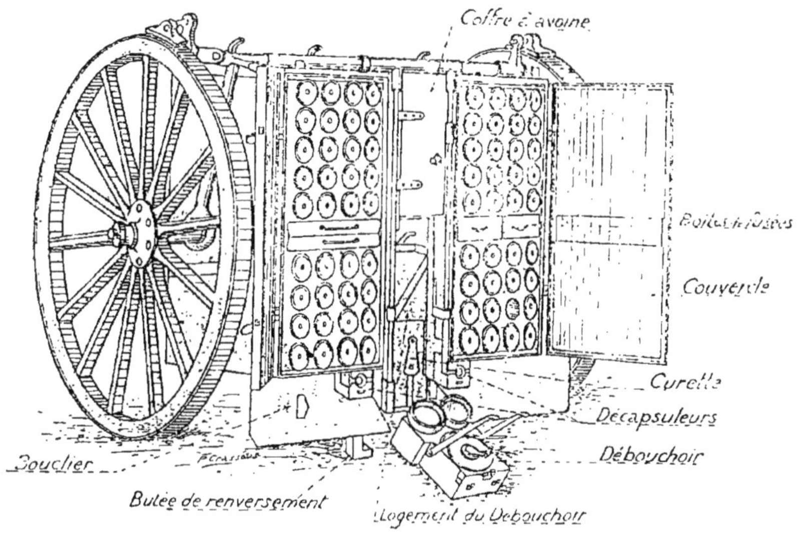

Caisson du 75.

est formé par l'assemblage de deux compartiments, dans lesquels sont rangées les cartouches, et qui sont situés de part et d'autre du coffre à avoine et du débouchoir. La flèche qui permet d'atteler le

1. Ce qu'on appelle, en termes d'artillerie, une *pièce*, se compose d'un canon, d'un caisson et du personnel de service nécessaire, soit un sous-officier chef de pièce et six servants : deux pourvoyeurs, un déboucheur, un pointeur, un chargeur et un tireur. Les trois premiers servants sont les servants du caisson, les trois derniers sont les servants du canon.

caisson à son avant-train, est munie, à sa partie arrière, d'une articulation grâce à laquelle elle peut être repliée en avant, tandis que le caisson bascule en arrière pour se présenter sous l'aspect d'une sorte d'armoire à deux battants dont les portes en tôle d'acier jouent le rôle de bouclier. Les servants se placent à genoux derrière ces boucliers et n'ont plus qu'à retirer une à une les cartouches de leurs alvéoles, pour les passer au déboucheur qui, après avoir ouvert l'évent indiqué par le chef de pièce, les passe au chargeur.

LE 65 DE MONTAGNE. Le canon de 65 de montagne tire un obus explosif et un obus à balles, qui diffère de l'obus Robin, tiré par le 75, en ce que la charge d'éclatement (110 gr. de poudre noire) est placée à la partie arrière du projectile, au lieu d'être mêlée aux balles. Celles-ci, au nombre de 138, pèsent 12 gr. chacune et sont en plomb antimonieux : la charge d'éclatement accroît leur vitesse propre de 100 m. environ.

Le shrapnell du 65 est armé d'une fusée à double effet : il pèse, amorcé et chargé, 4 kilogs. 450 et est monté sur une douille en laiton qui contient 165 gr. de poudre B. La cartouche complète et prête à être tirée pèse 5 kilogs. 250.

LE 80 DE MONTAGNE. Le 80 de montagne a été construit pour tirer, avec une charge de 400 grammes, un obus à mitraille pesant 5 kilogs. 600, qu'il lance avec une vitesse initiale de 257^{m}, à une portée utile de 4.050 mètres. A cet obus, on a substitué en 1895 un obus à balles qui n'est autre que celui du 75 de campagne. C'est dire que cette pièce est apte à jouer le rôle le plus destructeur.

LE CANON DE 95.

L'obus du 95 pèse 10 kilogs. 900 : il est en fonte, chargé, actuellement, de mélinite, et muni d'une fusée percutante comportant un dispositif porte-retard.

LES CANONS DE 90 ET DE 80 DE CAMPAGNE.

Le 90 et le 80 de campagne lancent quatre espèces de projectiles :

1) Des obus ordinaires, en fonte, de forme allongée, contenant un vide intérieur dans lequel est placée la charge d'éclatement. A son extrémité inférieure, il est muni d'une ceinture en cuivre rouge, incrustée dans la fonte, et dont le diamètre extérieur est de 91 $^{m}/_{m}$, 6, tandis que celui de l'obus est seulement de 88 $^{m}/_{m}$, 7. Au moment où le feu est mis à la charge de la pièce, le projectile est chassé en avant, et sa ceinture, dont le diamètre est supérieur à celui de l'âme de la pièce, pénètre à force dans les rayures : l'obus se trouve ainsi animé d'un mouvement de rotation sur lui-même. Un mécanisme identique est, du reste, employé pour produire un effet de rotation analogue dans toutes les pièces modernes. L'obus ordinaire du 90 contient 300 gr. de poudre; celui du canon de 80 de campagne en contient 240 grammes;

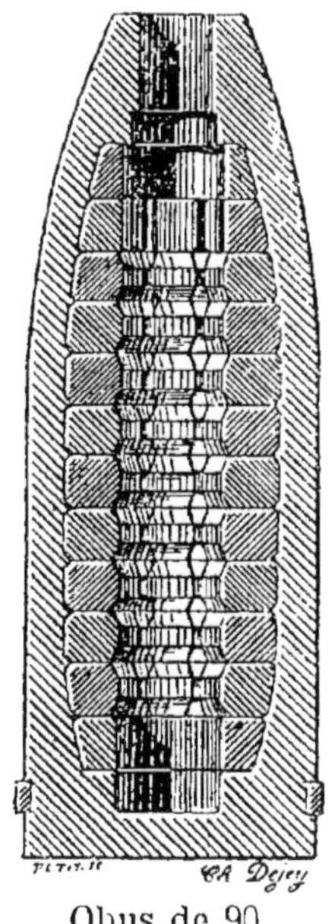

Obus de 90.

2) Un obus à balles, en fonte comme l'obus ordinaire, et contenant 92 projectiles sphériques disposés régulièrement autour d'une charge de poudre noire ;

3) Un obus à mitraille, composé d'une enveloppe en tôle d'acier, d'une grenade en fonte, logée dans l'ogive et chargée de poudre, de plusieurs rondelles en fonte et d'un culot en acier formant la partie cylindrique ; il est chargé de balles en plomb et pèse 8 kilogs. 500 ;

4) Enfin, une boîte à mitraille, qui comprend un culot, un couvercle et un corps de boîte en zinc ; elle contient 123 balles en plomb durci, reliées par du soufre fondu.

Boite à mitraille de 90.

Les obus du 90 et du 80 de campagne sont munies de fusées percutantes, du type Budin, ou de fusées à double effet.

LES OBUSIERS LÉGERS DE CAMPAGNE. Les projectiles tirés par les obusiers légers de campagne sont analogues à ceux du 75 ; ils n'en diffèrent que par le poids total et le poids de la charge d'éclatement.

LE CANON DE 138. Le canon de 138 lance trois sortes de projectiles : un obus ordinaire, un obus à balles et une boîte à mitraille. L'obus ordinaire est extérieurement garni de cordons de plomb placés vers les extrémités de la partie cylindrique, et qui assurent le forcement dans l'âme, à défaut de ceinture en cuivre. Il pèse 24 kilog. et est armé d'une fusée percutante du type Budin.

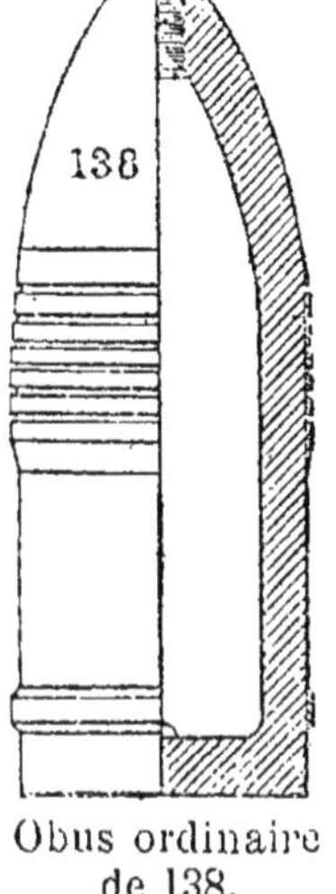

Obus ordinaire de 138.

L'obus à balles est l'obus ordinaire, dans lequel on a introduit des balles reliées par du soufre fondu : le chargement une fois refroidi, on comble les vides avec de la poudre noire. L'obus ainsi constitué pèse environ 30 kilog. ; il est armé d'une fusée à double effet.

LE CANON DE 12 CULASSE. La pièce de 12 culasse lance deux sortes de projectiles, une boîte à mitraille et un obus en fonte, pesant 12 kilog., armé de la fusée percutante Démarest. Une rondelle-arrêtoir, en bois, fixée au culot, est destinée à fixer le projectile à la position de chargement ; une poignée fixée à cette rondelle facilite le maniement. L'obus est muni d'ailettes en cuivre qui assurent le forcement dans l'âme.

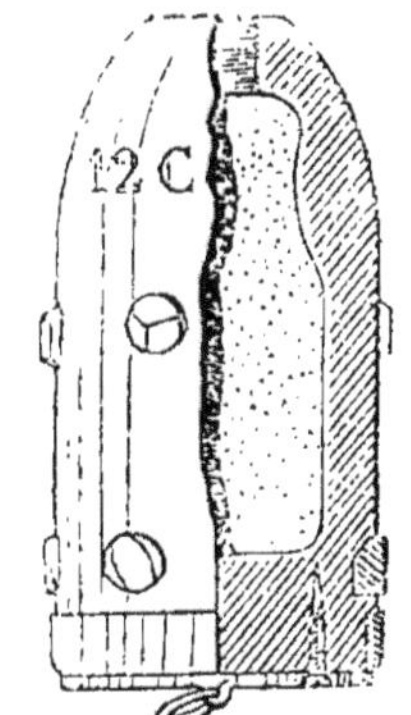

Obus du 12 culasse.

LES 120, COURT ET LONG. Les canons long et court de 120 tirent tous deux les mêmes projectiles. L'obus explosif en acier, a une longueur de 4 calibres environ ($4 \times 120 = 480$ m/m) et présente un très grand vide intérieur rempli de mélinite fondue. Il est muni d'un œil, dans lequel est vissée une gaine contenant le système d'amorçage et à laquelle est fixée une fusée percutante. Cet obus « allongé » pèse 20kilogs.350 : il est susceptible de produire des effets de choc et d'explosion considérables, contre les obstacles résistants.

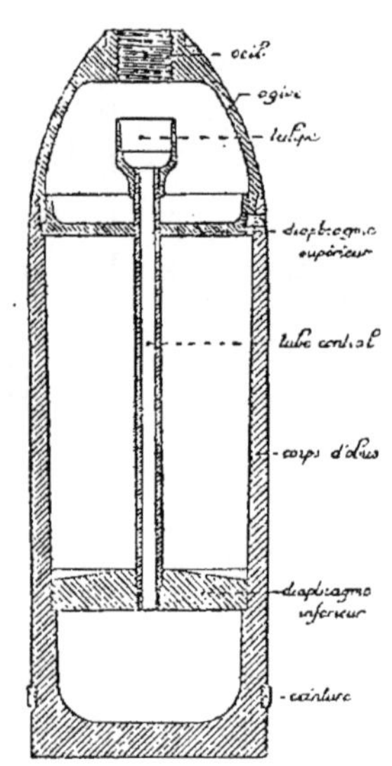

Fig. 2 — Obus à balles modèle 1881.

Obus à balles du 120 court.

L'obus à balles comprend un corps d'obus en acier, une ceinture en cuivre, une ogive en acier, un diaphragme inférieur, limitant la chambre à poudre, un diaphragme supérieur limitant la chambre à balles, un tube central qui conduit le feu à la chambre à poudre et se termine, à sa partie supérieure, par une tulipe où s'épanouit, en quelque sorte, la composition fusante du tube central. La charge d'éclatement est constituée par 280 gr. de poudre noire. Le chargement comprend 630 balles en plomb durci, de 12 gr., noyées dans de la colophane et recouvertes d'un mélange de résine et de cire jaune. L'obus à balles du 120 court pèse 20 kilogs. 350.

*
* *

Il ne convient pas de donner ici des détails ni des précisions sur les autres projectiles que nos canons de divers calibres lancent sur les lignes ennemies. Certains d'entre ces projectiles sont chargés d'explosifs nouveaux ou, plus exactement de mélanges nouveaux d'explosifs puissants, d'autres se caractérisent par des détails de construction qui accroissent leur efficacité.

— Après la victoire, les ingénieurs allemands seront à coup sûr étonnés d'apprendre que l'artillerie française a réalisé, depuis la déclaration de guerre, les plus extraordinaires progrès. Pour le moment, ils constatent tous les jours ces progrès... à leurs dépens.

LE PROBLÈME DES MUNITIONS

Étant donné un canon neuf, construit et mis au point d'une façon impeccable — par exemple un de nos 75, sortant de manufacture ; si on le suppose servi par des artilleurs merveilleusement exercés ; si on le met en batterie sur un sol résistant et tout à fait horizontal ; si on lui donne à tirer des munitions excellentes à tous égards ; si on place son personnel dans les meilleures conditions possibles de calme et de sécurité ; si enfin, un jour où ne souffle pas la plus légère brise, on lui indique comme objectif une cible de trois ou quatre mètres carrés, placée à bonne portée, et dont la distance a été rigoureusement repérée, jusqu'à être connue à quelques centimètres près, il n'est pas le moins du monde certain que *tous* les projectiles successivement tirés iront atteindre exactement le but. Si on continue le tir avec le même pointage en hauteur et en direction, de manière à brûler un nombre important de gargousses, on remarque que les points de chute des premiers obus paraissent s'éparpiller pour ainsi dire au hasard, dans un rayon de quelques mètres autour de la cible visée ; mais, peu à peu, il se dessine une région où ils se groupent de préférence, tandis qu'au fur et à mesure qu'on s'en éloigne, ils se font plus rares. Pour si peu nombreux que soient les coups ainsi « écartés », il n'en faut pas moins tenir compte de leur existence : c'est dire que la « dispersion » du tir est en quelque sorte un mal inévitable. La grande supériorité des pièces modernes sur les pièces anciennes réside, toutes choses étant égales en ce qui concerne la puissance et la portée, dans ce fait que la dispersion de leur tir est relativement peu importante et que leurs « écarts probables[1] » sont de faible valeur.

Pour fixer les idées à ce point de vue, on peut dire qu'à 3.000 mètres, et au polygone, l'écart probable de notre 75 est de 12 mètres ; pour un nombre considérable de coups tirés dans ces conditions, les points de chute des obus s'établissent tous sur une surface dont la profondeur dans le sens du tir est au maximum de huit fois l'écart probable, soit 96 mètres ; mais cette surface a, dans sa partie centrale, une bande large de 12 mètres, profonde de 24, où se loge au moins la moitié des projectiles. L'habileté des commandants de batteries consiste à régler leur tir de façon à ce que le but à battre se trouve dans la zone centrale où se répartissent les coups. Cette habileté spéciale, nos officiers d'artillerie la possèdent à un degré inimaginable.

Toutefois, les choses ne se passent pas, à la guerre avec autant de simplicité que dans les condi-

1. On définit, dans les cours d'artillerie, l'écart probable comme « ayant une valeur telle que, dans un tir suffisamment prolongé, il y ait 50 p. 100 des coups dont l'écart soit moindre que lui, et 50 p. 100 dont l'écart lui soit supérieur ».

tions, pour ainsi dire théoriques, qui sont réalisées lors des tirs au polygone. Les munitions ne sont pas absolument parfaites, les mises en batterie ne sont pas nécessairement effectuées sur des sols horizontaux et solides, l'atmosphère n'est pas toujours calme, le personnel a rarement, quels que soient son courage et son indifférence au danger, la belle sérénité d'âme du temps de paix; enfin la distance du but n'est jamais repérée mathématiquement. Il en résulte que la surface de répartition des coups est relativement assez grande — sans être pourtant ce qu'on pourrait supposer au premier abord. D'autre part, il est logique de penser que, pour une batterie de quatre pièces, qui ne sont pas rigoureusement identiques, les écarts probables s'ajoutent dans une certaine mesure, si bien que la zone de dispersion est supérieure à celle d'une pièce isolée.

RÉGLAGE ET ARROSAGE. Si l'objectif est de grande surface et s'il-est immobile, ce qui est le cas d'un village ou d'une place forte, il est généralement atteint dès le premier coup tiré. On peut estimer alors que, pratiquement, il n'y a pas de projectiles perdus. Mais s'il est de faible surface ou s'il est mobile, ce qui est le cas d'une tranchée ou d'une ligne de tirailleurs progressant par bonds successifs, le « réglage » exige plusieurs coups plus ou moins perdus, même si le tir est guidé par de bons observateurs en aéroplane. Il faut, en effet, brûler un certain nombre d'obus avant d'avoir pu, par tâtonnement, déterminer ce que les artilleurs appellent « la bonne fourchette », c'est-à-dire la succession d'un coup long et d'un coup court espacés de 25 mètres environ en profondeur, et encadrant exactement le but. Le réglage une fois obtenu, il faut encore, en raison de l'inévitable dispersion des coups, se résoudre à consommer un nombre important de projectiles pour être sûr qu'il en arrivera une quantité suffisante sur le but de minimes dimensions ou de grande mobilité qu'il s'agit d'atteindre. C'est pour cette raison très compréhensible que les tirs « d'efficacité » par lesquels en maintes circonstances nos 75 ont broyé dans leur élan des colonnes assaillantes, comportent une effroyable dépense de munitions. Une pièce de campagne tire 20 coups à la minute, une batterie de 4 pièces en tire par conséquent 80 : c'est dire qu'en 70 secondes, elle peut consommer une tonne de munitions, puisque la cartouche du 75 pèse environ 10 kilogrammes.

La progression de l'ennemi étant arrêtée par cet épouvantable déluge de fer et d'acier, l'artillerie a pour devoir de contraindre les troupes adverses à se terrer derrière leurs abris, ce qui les empêche de faire usage de leurs armes. La marche en avant de nos fantassins est alors possible. Mais « l'arrosage » des positions adverses exige une dépense énorme de projectiles, puisqu'il doit être assez intense pour empêcher l'ennemi de se montrer, et assez prolongé pour permettre aux nôtres de s'élancer, la baïonnette haute.

QUELQUES CHIFFRES. Il est impossible de fournir à cet égard des chiffres théoriques précis, puisque tout dépend de l'effet à obtenir, et, par conséquent, de la durée du tir. Mais des constatations expérimentales ont été faites, dont les résultats sont intéressants à connaître.

Pendant la guerre de 1870-71, l'artillerie allemande — qui était alors nettement supérieure à l'artillerie française — ne tira, dans aucune bataille, plus de 200 coups par pièce. Dans tout le cours de la campagne, elle lança 817.000 obus, dont 479.000 sur des forteresses ou des places, et 338.000 en rase campagne[1].

Pendant la guerre russo-japonaise, la moyenne des obus tirés dépassa 400 par bataille : à Tushitsao, une seule batterie russe brûla 530 gargousses. Pendant toute la campagne, les deux artilleries en présence consommèrent au plus un million d'obus, chacune.

Ces chiffres de consommation ont été formidablement dépassés au cours de la guerre présente. En une seule période de 24 heures, nous avons eu à arroser de 100.000 obus un front de 7 kilom. 500, ce qui, par mètre de front, représente une consommation de projectiles six fois supérieure à celle de la journée de Saint-Privat. Pendant la bataille de Galicie, les Allemands ont tiré 700.000 obus. D'après le communiqué français du 17 juin, notre artillerie a lancé, en 24 heures, au nord d'Arras, 300.000 obus[2], c'est-à-dire à peu près autant qu'en a lancé l'ensemble de l'artillerie allemande pendant toute la guerre de 1870-71.

1. L'artillerie allemande engagée à la bataille de Saint-Privat, consomma 33.000 obus, — soit le dixième de sa consommation totale dans les batailles de la campagne.

2. Ces 300.000 obus pesaient, avec leurs gargousses, 4.500.000 kilog., leur transport a exigé 300 grands fourgons automobiles, correspondant à six trains de chemins de fer, ou à 400 voitures attelées chacune de six chevaux. Leur valeur globale ressort à environ 9.400.000 francs.

Si on tient compte de la longueur des fronts qui, en France seulement, s'étendent sur 940 kilomètres, on conçoit quelle doit être la quantité de munitions quotidiennement nécessaire pour rendre possible la défense des tranchées. Si, d'autre part, on se souvient de ce qui a été dit tout à l'heure au sujet de la façon dont les tirs d'efficacité et les tirs de barrage sont effectués, on se figure aisément à quels problèmes complexes et impérieux le Commandement se heurte quand il veut faire approvisionner en munitions une masse d'artillerie chargée de préparer une attaque sur quelques kilomètres. L'expérience de la guerre ayant montré que, pour être réellement efficace et surtout pour être d'une efficacité durable, une offensive doit être prononcée sur quinze ou vingt kilomètres au grand minimum[1], c'est par centaines et par centaines de mille qu'il faut compter les obus indispensables pour en assurer le succès par une préparation suffisante.

OBUS LÉGERS ET OBUS LOURDS. Ces obus sont de tous les calibres et, par conséquent, de poids très différents.

Les projectiles à grande capacité d'explosif que lancent les canons lourds creusent des entonnoirs énormes, bouleversent les ouvrages de l'ennemi et causent dans ses rangs un effet moral intense, beaucoup plus qu'un effet de véritable destruction matérielle. Extrêmement précieux pour battre,

1. Une offensive prononcée sur un front de un ou de deux kilomètres seulement, ne peut avoir pour résultat pratique que de produire un saillant, « une hernie » de notre front : elle n'a pas pour résultat un recul appréciable de l'ennemi et une véritable rectification de son front.

détruire et rendre intenables des retranchements ou des abris enterrés, ces projectiles sont d'une efficacité médiocre sur les troupes en mouvement, en raison de la lenteur relative de tir qui caractérise les pièces par lesquelles ils sont lancés, — en raison surtout de l'impossibilité pratique d'approvisionner suffisamment ces pièces. Si chaque batterie lourde avait à sa disposition des obus et des gargousses en nombre illimité, et si elle pouvait prolonger sans préoccupation aucune ses tirs d'efficacité, la grosse artillerie ferait à coup sûr une besogne excellente dans tous les cas. Mais, dans la pratique du champ de bataille, il n'en est rien, parce qu'elle aurait, en quelques instants, vidé ses caissons et ceux de ses sections de ravitaillement. Aussi l'artillerie de campagne, dont les munitions sont beaucoup plus légères, peut-elle, seule, assurer l'arrosage méthodique et prolongé qui libère le terrain d'assaut, en permettant aux fantassins de charger.

A ce point de vue, on ne saurait trop insister sur ce fait que la supériorité du canon lourd sur le canon léger réside exclusivement dans la plus grande capacité d'explosif qui caractérise son projectile. C'est une erreur, du reste souvent commise, que vouloir lui attribuer toujours une portée utile plus grande. Il suffit, pour s'en convaincre, d'ouvrir un Aide-mémoire d'État-major : on y lira par exemple (§ 162) que la portée maxima du canon de 75 est de 8.500 mètres, et celle du 155 CTR, de 6.300 mètres seulement. Il est bien évident que si certaines grosses pièces ont des portées beaucoup plus grandes, leur faible mobilité et leur lenteur de tir les rendent inaptes à préparer ce dernier acte.

cette conclusion du combat, qui s'appelle l'assaut d'infanterie[1].

LE PROBLÈME DU RAVITAILLEMENT.

Quoi qu'il en soit, il faut bien se dire que, de tous les problèmes que pose la préparation méthodique d'une attaque, celui du ravitaillement en munitions des

1. A ce propos, il n'est pas sans intérêt de rappeler ce qu'est, à l'heure actuelle, la portée extrême de certains canons. L'examen des tables de balistique établies pour l'armée américaine par le brigadier-général William Crozier, est à cet égard, significatif. « L'augmentation de portée d'un canon peut être obtenue de plusieurs manières, soit pour accroître sa vitesse sous la même charge, soit en augmentant l'angle de tir, soit enfin par ces deux moyens à la fois. C'est ainsi qu'il suffit d'augmenter l'angle de tir de 10 à 15 degrés pour étendre la portée d'un obus de 486 kilogs, animé d'une vitesse initiale de 686 mètres à la seconde, de 11.882 mètres à 15.588 mètres. En faisant usage, dans la même pièce, d'un projectile de 318 kilogs seulement, ce qui permet, avec la même charge, de lui donner une vitesse initiale de 824 mètres, on obtiendra, sous l'angle de 10 degrés, une portée de 16.452 mètres, et, avec celui de 15 degrés, une portée de 20.108 mètres.

« Le général William Crozier enregistre le cas d'un canon de 40 centimètres, et de 12 mètres de longueur (40 calibres) tirant, sous un angle de 45 degrés, un obus de 318 kilogs, animé d'une vitesse initiale de 845^{m},50. Dans ces conditions, le projectile décrit dans l'air une trajectoire dont la flèche maxima est de 16.452 mètres : il porte à une distance horizontale de 50.270 mètres.

« Le colonel américain Ingalls a indiqué la possibilité de réaliser une pièce d'artillerie donnant à son projectile une vitesse initiale de 1.200 mètres à la seconde : braquée sous un angle de 45 degrés, cette pièce lancerait son obus suivant une trajectoire parabolique dont la flèche maxima aurait 29.000 mètres, et lui donnerait une portée horizontale de 78.200 mètres.

« En avril 1892, on tira au polygone Krupp de Meppen, une pièce de côte de 24 centimètres, dont la portée fut établie à 20.218 mètres, sous un angle de tir de 45 degrés.

D'autre part, le général allemand Rohne a décrit dans *Artilleristische Monatshefte* un canon Krupp de 380 $^{m}/_{m}$, long de 20 mètres, chargé de 313 kilogs de poudre, lançant à 37 kilomètres, avec une vitesse initiale de 942 mètres, et sous un angle de 45 degrés, un projectile de 750 kilogs, capable de percer, au départ, une plaque d'acier dur épaisse de 135 centimètres. Il est bien possible, sinon bien probable, que c'est une pièce de ce genre qui, établie à Dixmude, a permis aux Allemands de bombarder Dunkerque.

pièces d'artillerie engagées est, de beaucoup, le plus difficile à résoudre.

Dans une assez large, pour ne pas dire dans une « très large » mesure, le nombre des projectiles importe plus que leur poids unitaire : même en ne considérant que les obus légers, leur apport sur la ligne de feu est toujours malaisé, à cause de l'extraordinaire intensité que le tir doit atteindre. Prescrire — comme il a malheureusement fallu le faire trop souvent — aux commandants de batteries et de groupes de se montrer ménagers de leurs munitions, c'est diminuer d'une manière très fâcheuse le rendement de leurs pièces. L'artillerie est, dans la guerre actuelle, une arme « gaspilleuse » qui doit, pour rendre au Commandement le maximum des services, avoir toujours ses caissons pleins. Les munitions doivent lui arriver, de l'arrière, en quantités pratiquement illimitées.

Il est consolant de penser que c'est précisément ce qui aura lieu désormais.....

LE PROBLÈME DE LA FABRICATION.

Mais, pour que le ravitaillement du champ de bataille soit aussi intense qu'il doit l'être, il faut que les camions automobiles refluant sans cesse des Parcs vers les gares où arrivent les trains venus de l'intérieur, ne trouvent jamais ces gares démunies. Il faut, par conséquent, qu'à l'arrière et dans toutes les usines du pays, la production soit assez intense pour satisfaire sans à-coups à toutes les demandes formulées par les batteries combattantes.

Il semble qu'on ait fini, en France, par le comprendre.....

Depuis le début des hostilités, bien des erreurs ont été commises, qui ont eu parfois, sur la marche des opérations militaires, la plus désastreuse influence. L'heure n'est pas à récriminer. Le jour viendra où l'opinion publique pourra être éclairée par la Presse et par le Parlement : à ce moment, sans doute, les sanctions nécessaires interviendront.

Le devoir de l'heure présente est de différer les critiques pour se borner aux constatations rassurantes. Il faut donc se réjouir de ce qu'*enfin*, sous la poussée véhémente de la Volonté nationale, les errements routiniers d'une bureaucratie envahissante et rétrograde commencent à faire place à des façons d'agir nouvelles qui ont pour directrice cet axiome : PRODIGUER LES MUNITIONS, C'EST ÉCONOMISER DES VIES HUMAINES.

TABLE DES MATIÈRES

Pages.

TYPOGRAPHIE FIRMIN-DIDOT ET Cie. — MESNIL (EURE).

www.ingramcontent.com/pod-product-compliance
Ingram Content Group UK Ltd.
Pitfield, Milton Keynes, MK11 3LW, UK
UKHW020328230726
13925UKWH00002B/685